일시 정지 후 재생

수아 지음

2020년 6월 "섬유근육통"을 진단받은 그 날.
나름 바르게 살아왔다고 생각하며 살아왔는데
왜 나에게 이런 질환이 찾아왔는지
도무지 이해할 수가 없었다.
이 어두운 터널이 끝나는 날이 오기는 할지,
나는 언제까지 통증과 함께 살아가야 하는지
앞이 깜깜하였다.
마치 이 세상에 나 혼자 남겨진 것처럼.

지금까지 살아오면서 아무도 알아주지 않는 이 통증
질환으로 많이 외롭기도 하고 억울하기도 하였다.
그런데도, 내게 소중하고 의미 있는 것들을 지키기 위해
하루하루 버텨내는 중이다.

이 세상에 혼자인 것 같은 사람들,
아픔을 나눌 수 있는 사람이 필요한 분들께
친구가 되어 주고 싶어 펜을 들었다.
또한 주변에 아픈 친구가 있다면
그 마음을 조금이나마 이해하는 데
도움을 줄 수 있는 글이 되기를 바라며.

2025년 6월 SuA

목차

09 행복의 그림자
빛나던 나의 꿈, 갑작스레 드리운 그림자

- 10 꿈 개발자
- 22 아일랜드 어학연수
- 38 10년 마침표.

51 내 삶, 일시 정지
고통 속에 멈춰버린 시간, 다시 흐르기를 바라며

- 52 마약성 진통제
- 62 병원에서 듣는 말·말·말
- 76 5년 만의 해외여행
- 84 허리 디스크 수술까지 가는 길

97 상처 속에 찾는 희망
절망 끝에 발견한 작은 희망, 다시 일어설 용기

- 98 너 괜찮아?
- 104 왕따가 나에게 남긴 것
- 112 정신병원 입원 권유
- 128 LG유플러스 와이낫 부스터스 2기

137 재생 버튼 클릭
새로운 시작, 감사와 긍정으로 채워가는 삶

- 138 가족에게 고마움 전하기
- 154 주변에 고마움 전하기
- 162 통증이 준 선물
- 168 무기력증

173 끝내는 말
당신의 고된 하루를 위로하며, 함께 나아가기를

- 174 To. 세상을 살아가는 친구에게

행복의 그림자

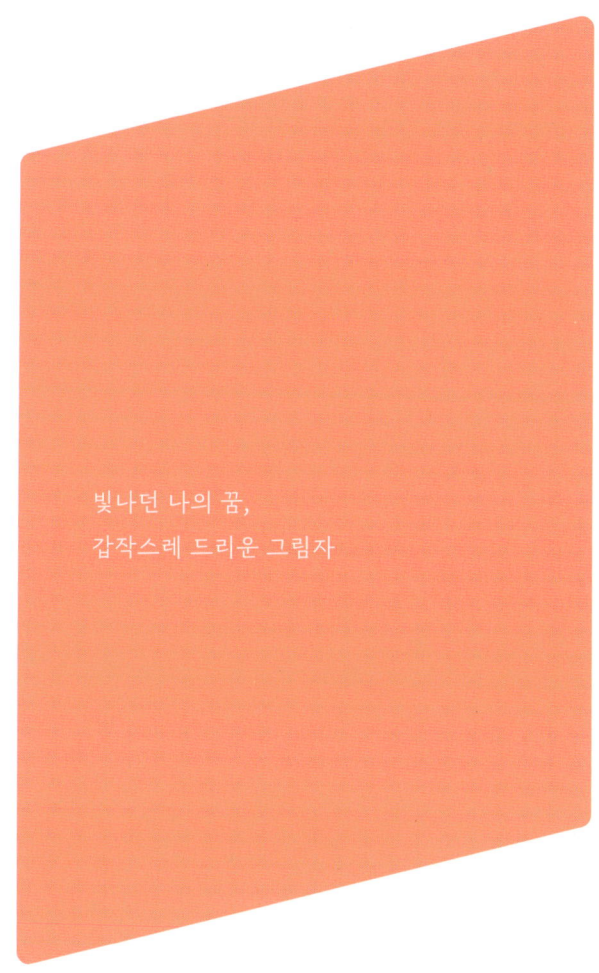

빛나던 나의 꿈,
갑작스레 드리운 그림자

▌ 꿈 개발자

20대 초반, 드디어 내가 그토록 꿈꾸던 회사원이 되었다. 개발자가 되길 원했지만, 무수히 많은 고민 끝에 교수님이 추천해 주신 QA 회사에 입사하게 되었다. 그래도 여기는 우리 학교 사람들도 많고 친구도 있으니 잘 적응해 보자고 다짐하였다.

그렇게 나는 첫 회사에 적응하기 위해 애썼지만, 마음처럼 쉽지 않았다. "타자 치는 소리가 너무 커요." "일 안 하다가 선임님 오시니까 일하는 척하네" 같은 이야기를 들으며 어디서부터 잘못된 건지 나는 기존 직원들에게 예쁨 받지 못하는 직원이 되어있었다. 나는 그렇게 더욱 더 이 길은 내 길이 아니구나 라는 생각이 들었다. 내가 원하던 일도 아닌데 사람 마음마저 힘들게 하니 못 다니겠네. 라는 마음이 들어 2~3달 만에 퇴사하였다. 그러고 나니 나는 다시 개발 회사에 가고 싶은데, 중간에 비어버린 시간이 마음에 걸렸다. 그래서 나는 또 다른 일인 경리 직으로 회사에 들어가게 되었다.

새로운 회사는 일도 쉽고 항상 칼퇴근에 팀원분들도 좋으셨다. 일의 특성상 생산팀 출근 일지, 야근 일지 등 총무팀에 보고하러 가야 할 일이 잦았는데 그렇게 총무팀 직원과 얼굴을 알게 되고 메신저를 주고받다 보니 그 사람이 어느새 내 남자 친구가 되어있었다. 일도 다닐 만하고 남자 친구 얼굴도 매일 볼 수 있으니 마냥 좋았다.

그렇게 일을 다니다 보니 잠시 내 꿈을 살짝 내려놓고 있었다. 나는 이 회사에 1년 넘게 다니며 익숙해지다 보니 문득 이런 생각이 들었다. '사실 이 자리는 누가 와도 대체할 수 있는 자리인데… 일이 계속 반복적이니 생산적이지 않은 일을 하는 것 같아' 조금 늦은 것 같지만 아직 나는 젊고 개발자가 될 방법을 다시 찾아보자! 라는 마음이 들기 시작하였다.

회사는 다니고 있지만, 나는 원래 나의 꿈을 이루고 싶은 마음이 올라오는 시기가 온 것 같다. 그래서 나는 우선 학원을 알아보기 시작하였다. 퇴근 후에 다닐 수 있는 곳을 알아보기 시작했는데 마음에 드는 곳이 없었다. 그런데 퇴사 후 다닐 수 있는 교육원이 집 근처에 있다는 걸 알게 되었다. 나는 일단 여기는 무조건 다녀야 해. 라는 생각이 들었다. 하지만 나는 현실적인 생각도 안 할 수가 없었다. 내가 지금 퇴사하면 당장 월급이 없어지고 다시 학생이 되어 공부해야 하는데 너 자신 있어? 라는 생각을 끊임없이 하였다. 하지만 결론은 이미 마음속에 있었던 것 같다. 지금이 내 꿈을 이룰 때다. 라는 생각이 내 마음을 계속 건드렸고 그렇게 나는 회사에서 퇴사하고 다시 학생으로 돌아가게 되었다.

드디어 교육원 수업이 시작되었고 나는 누구보다 열심히 다녀야겠다는 생각으로 긴장 반 설렘 반의 마음으로 다니기 시작하였다. 멋진 동기들이 많아서 배울 점들도 참 많아서 좋았다. 그렇게 시간이 지나고 조별 프로젝트가 시작되었다. 이때부터는 교육원 생활이 생각보다 많이 힘들었다. 그런데도 나는 행복함이 있었다. 이 시간이 지나면 내가 하고 싶은 일을 할 수 있을 거라는 기대감이 있었기 때문이다. 아침 일찍부터 시작해서 자정까지 작업하고 주말에도 나와 작업하기도 하였다. 데이트도 자주 못 하고 프로젝트에 집중하였다. 남자 친구는 항상 나를 응원해 주고 걱정해 주었다. 나는 스트레스로 인생 첫 위내시경도 해보고 스트레스성 위염으로 죽만 먹으며 교육원을 다니기도 하였다. 우리 조 잘할 수 있을까? 모두가 처음이었기에 가장 걱정이 많았던 조였다. 내가 살면서 이렇게까지 뭔가를 열심히 한 적이 언제였나 하는 생각이 들 정도로 잘하지는 못했지만 내가 할 수 있는 한 최선을 다하였다. 내 실력에 실망도 많이 하고 이러다가 취업 못 하면 어떡하나 라는 불안한 감정이 항상 마음 한쪽에 자리 잡고 있기도 하였다. 그래도 전공자인데 몇 년 쉬었다고 이렇게까지 실력이 바닥인가 싶은 생각에 더욱 스트레스를 받지 않았나 싶다.

나는 고등학교 때까지 항상 컴퓨터를 잘 다룬다고 잘한다는 소리만 들었는데 대학교와 교육원에 와서는 처참함을 느꼈다. 나는 내 꿈을 위해 노력했다고 자부하던 사람인데 말이다.

교육원 이전에 중·고등학교 때로 내려가면 나는 그때부터 교내외 대회들을 열심히 나갔다. 특히 엑셀 대회를 가장 많이 나갔다. 상장을 여러 번 받고 학교 건물에 붙어 있는 현수막에도 당당히 이름이 걸려 있기도 했다. 이때 얼마나 뿌듯하고 부모님께 자랑스러운 딸이 된 것만 같고 좋았는지… 자격증도 꾸준히 취득해 지금 가지고 있는 자격증이 10종류는 된다. 이것들이 개발 관련된 것들은 아니었지만 모두 컴퓨터 관련 자격증들이었기에 개발자를 하겠다는 생각을 어릴 때부터 쭉 품고 왔다. 이렇게 컴퓨터에 대해 기반을 다져 놓았으니 나는 무조건 이 길을 갈 것이라는 확신이 늘 있었다. 그런데 막상 성인이 되고 대학을 졸업할 때가 되니 마음처럼 되지 않았다.

학교 시간표를 보고 와 이제 진짜 개발을 배우는구나! 하며 기대와 설렘이 가득했던 그때가 있었는데… 너무나도 확신을 갖고 살았던 나의 꿈에 바로 도달하지 못하고 돌아 가게 된 것은 내 단단함에 금이 가서였을까? 싶다. 내가 좀 더 단단했다면 학교 졸업할 때 나를 더 믿어줘야 했는데 하는 생각도 든다. 하지만 후회는 하지 않기로 하였다.

다만 취업을 앞에 두고 내 실력에 한계를 느끼고 처참함과 좌절이라는 것을 크게 느끼면서 많은 생각이 들었던 것 같다. 특히 교육원에서는 희로애락을 모두 느꼈다고 해도 과언이 아니다. 그런데도 나는 교육원을 그만두고 싶다는 생각은 하지 않았다. 열심히 준비한 프로젝트를 마지막으로 발표하는 날이 다가왔다. 교육원에 감도는 이 긴장감은 모두가 열심히 달려왔다는 증거였다고 생각한다. 미리 발표 연습도 해보고 사이트 점검도 하는데 잘 되던 부분도 하필 이런 날 오류가 나고 이러면서 멘붕도 오고 그래도 포기 안 하고 재빠르게 수정하고 우리 교육원 동기들 정말 열정 가득한 멋진 사람들이었다. 그렇게 긴장감 속에 발표는 잘 마무리되었고 강해 보이던 우리 교수님께서도 눈물을 흘리는 모습까지 볼 수 있었다.
그렇게 프로젝트가 끝나고 나는 취업 준비를 하기 시작

하였다. 이력서를 쓰고 자소서를 쓰고 취업 사이트에 이력서를 넣으며 취업을 향해 가고 있었다. 그러나 내 생각보다 취업은 더욱 어려웠다. 시간은 계속 흐르고 동기들이 하나둘 취업을 하면서 나는 불안함이 점점 커졌다. 그렇게 몇 군데의 면접을 통해 한 회사에 합격하게 되었다.

드디어 개발자로서 첫 출근날이 되었다. 큰 회사는 아니었지만 합격했다는 기쁨에 그런 건 중요하지 않았다. 출근하니 다른 사장님 1명과 사무실을 공유해서 쓰는 곳이었는데 대표님께서 나를 회사에 새로운 "개발자"라고 소개하였다. 별거 아닌 단어일 수 있지만, 이 말을 꿈꿔온 나에게는 큰 의미가 담긴 단어였다. 내 그동안의 노력에 확실한 보상이 되는 세글자였다. 겉으로 티는 안 냈지만, 속으로 너무 기쁘고 행복해서 난리가 났을 정도다. 그렇게 나는 2015년 5월 4일 "개발자 박 다솜"이 되었다. 나는 이날을 잊을 수가 없다. 앞으로 일이 힘들거나 지칠 때 이날을 생각하며 버티면 조금 더 힘을 낼 수 있을 것만 같다.

내가 하는 일은 다른 업체의 사이트를 만들어 주는 일이었는데 프로젝트가 끝나가기 전날 업체 팀장님께서 그쪽 회사 대표님과 함께 식사 하자고 하셨다. 그렇게 셋이 식사하고 있는데 대표님께서 본인 회사 소속으로 넘어와서 같이 일해보는 게 어떻겠냐는 제안을 하셨다. 어머 나 스카우트 받은 거야? 내가 일을 엉망으로 하지는 않았구나. 너무 뿌듯하고 이때만큼은 나 자신을 맘껏 칭찬해 주고 싶었다. 하지만 막상 현재 대표님 없이 혼자 일을 할 생각하니 내 부족한 실력이 드러날까 무서웠고 혹시나 대표님께서 배신감을 느낄 수도 있겠다 싶어 조심스럽게 거절하였다.

그렇게 프로젝트가 끝나고 내가 할 수 있는 일이 회사에 없어 사직 처리되었고 백수가 되어 다시 이력서와 씨름을 했고 새로운 회사에 취업할 수 있게 되었다. 막 시작한 스타트업 회사였고 회사와 같이 커가고 싶은 마음으로 다니게 되었는데 일명 회사 내 정치싸움으로 내가 맡아야 할 일조차 제대로 할 수 없는 상황이 이어지자, 화가 났고 결국 6개월 만에 퇴사하였다. 나는 빨리 또 경제활동을 해야 한다는 마음에 열심히 면접을 보러 다녔다.

그렇게 노력하여 또다시 새로운 회사에 취업하게 되었다. 사실 내가 면접을 잘 못 봤지만, 면접관분들께서 개발자 선배로서 내 이력이 안타까워서 합격시켜 주신 거로 안다. 그래서 앞에 경력은 없이 인턴으로 입사하게 되었다.

그래도 팀이 잘 나뉘어 있고 여태껏 다닌 회사 중에 진짜 회사 같은 느낌이 든 회사여서 나도 열심히 다녔고 부모님도 처음으로 가장 좋아하셨다. 이 회사에서는 다양한 경험을 할 수 있었다. 나는 서버 점검 날 24시간 근무를 해본 적이 몇 번 있다. 오후 2시부터 다음 날 오후 2시까지 근무를 하는데 새벽 4시부터 점검이 시작되어 8시까지 전쟁통처럼 다들 대충 침낭 속에서 자다가 책상 앞에 앉아 일을 하는 경험을 하였다. 모를 땐 몰랐지만 내가 겪어보니 새벽에 서버 점검한다고 뜨면 아 저기 개발자들 피곤하겠네. 라는 생각이 먼저 들게 된다. 나는 개발팀 막내로서 열심히 배웠고 일을 하여 중간에 잘리지 않고 정직원이 되고 시간이 흘러 주임까지 달게 되었다.

그렇게 회사를 열심히 다니던 중 나는 갑자기 문득 어학연수를 가고 싶어졌다. 내가 그렇게 원하던 일을 하게 되었고 멀쩡한 회사를 잘 다니고 있었는데 왜 그랬는지 모르겠다. 그냥 지금이 아니면 안 될 것 같았다. 개발 언어가 영어로 되어 있고 검색해도 영어가 대부분이라 영어 실력을 쌓아서 개발 역량을 강화하고 싶다는 생각이 들었다. 그래서 어학연수를 가겠다고 외치며 잘 다니던 회사를 그만두었다.

이때의 내 나이는 20대 후반이었다. 늦었다며 늦은 나이일지도 모르는 20대 후반, 남들은 한창 자리를 잡고 경력을 쌓을 시기에 나는 일상에서 탈출하게 되었다. 주변 지인들은 대단하다며 놀라워했고 걱정과 응원을 많이 해주었다. 많은 걱정 속에서도 나는 지금 떠나지 않으면 마음속에서 해결할 수 없는 갈증에 시달릴 거로 생각하였다. 직장 생활을 하며 해외에서 삶을 펼칠 수 있기를 늘 동경해 왔기 때문이다. 평소에는 다른 사람들의 말에 잘 휘둘리는 우유부단한 모습을 보이지만, 한번 마음속에서 강한 확신과 함께 결심하는 것이 있다면 꼭 하고 마는 성격이 또 한쪽에 자리 잡고 있다. 이 결심이 흔들리지 않도록 명확한 계획을 세워나가는 것은 매우 중요하였다. 자취 한번 해보지 못한 나는 그럼에도 어학연수를 가겠다는 결정을 내렸다.

이때 엄마는 찬성하셨지만, 아빠의 반대가 정말 강하였다. 살면서 아빠와 싸울 일이 거의 없었는데 이때 다 싸웠다고 해도 과언이 아니다. 자취조차 반대하던 아빠가 무려 18시간이나 비행하여 가야 하는 먼 곳에 딸이 간다니 걱정이 될 만도 하였다. 남자 친구도 마찬가지로 반대하였지만 내가 앵무새처럼 매일 세뇌를 하며 결국 모두를 이기고 떠날 수 있게 되었다. 그렇게 나는 자금계획부터 어학원 선정 등 떠나기 전 준비해야 할 것들이 정말 많았다. 그럼에도 준비하는 시간조차 행복하였다.

지금 돌이켜 생각해 보면 통증으로 자유롭지 못한 지금의 나는 그 시절의 용기와 행동을 실천한 나에게 정말 장하다고 손뼉을 쳐주고 싶다. 그렇게 2019년 1월 아일랜드의 수도인 더블린으로 떠났다. 어학원을 다니며 영어를 공부하고 다양한 나라에서 온 친구들과 어울리며 내 인생에서 꿈만 같던 시절을 보낼 수 있었다. 사실 8개월 계획으로 갔지만 5월에 한국으로 돌아왔다.

이후 나는 곧장 재취업을 준비하였다. 그렇게 2019년 7월 나는 서울에 있는 한 회사로 이직에 성공하였다. 새로운 곳에서 일하게 된다니 설레었지만, 한편으로는 오랜만에 일을 해야 한다는 생각에 아찔하기도 하였다. 하지만 시간이 해결해 주었고 좋은 직원분들과 일을 할 수 있었다. 그렇게 나는 개발자로서 내 꿈을 계속 펼쳐나갈 줄 알았지만, 날개가 꺾여버리는 일이 발생하였다. 2025년 지금까지 공식적인 나의 개발자 회사는 이곳이 마지막이 되었다.

아일랜드 어학연수

나는 예전부터 해외 생활에 대한 동경이 항상 있었다. 막연하게 나도 언젠가는 워킹홀리데이에 가고 싶다. 어학연수를 가고 싶다.라는 생각을 하고 있었지만 그런 건 어느 정도 자금이 있고 여유가 있는 사람들이 가는 거겠지? 라는 생각에 막연한 꿈만 꾸며 나는 안 되겠지 라는 생각으로 살아왔다. 그렇게 그냥 막연한 꿈으로만 가지고 열심히 회사에 다니고 있었다. 그러나 개발 언어가 영어로 되어있기도 하고 문서를 봐도 영어가 대부분인데 항상 한국어로 번역을 눌러서 보는 게 아쉬웠다. 지금 생각해 보면 떠나고 싶어서 괜히 이런저런 이유를 하나둘 붙여 넣기 했던 것 같다. 일하기 싫어서 도피성의 마음도 있지 않았나 싶기도 하다. 그렇게 회사를 열심히 다니던 27살의 나는 워킹홀리데이를 가야겠다. 라고 마음을 먹게 되었다.

마음을 먹은 후 나라를 정하기 위해 워킹홀리데이 사이트에 들어가 가능한 곳들을 찾기 시작했다. 나는 이왕 떠날 거면 한국인이 적고 많이 안 가는 곳으로 가고 싶었다. 그렇게 보던 중 "아일랜드"라는 나라가 눈에 들어왔다. 그동안 알지도 못했던 그 나라에 꽂혀버렸다. 일단 거리가 굉장히 멀었고 한국인도 많지 않다고 하니 여기다 싶었다. 그리고 워킹홀리데이가 안되면 어학 비자로 8개월

체류도 가능하다고 하니 현실 가능성이 더 높았다. 처음에는 워킹홀리데이가 되기를 바라며 준비하였다. 그러나 서류에서 탈락하였고 플랜B인 어학 비자로 떠나기로 마음을 먹고 준비하기 시작하였다. 가족들과 주변 친구들에게 나는 해외에 갈 거라고 더욱더 떠들고 다녔다. 그래야 내가 중간에 포기하지 않고 해낼 수 있을 것 같았다.

많이는 아니지만 그동안 일해서 저금했던 돈과 앞으로 저금할 돈, 퇴직금 등등 자금 계획을 세웠다. 그리고 아일랜드에 관련된 책들을 여러 권 읽어가며 그 나라에 관해 공부하였다. 알면 알수록 매력 있는 나라였다. 나는 아일랜드 수도인 더블린으로 떠나기로 하였다. 일단 영어 실력이 너무 부족하다고 느껴 평일에 일하고 주말에 영어학원 다니고 전화영어도 하며 영어 기초를 쌓아나갔다. 유튜브에 영어 공부하는 방법도 찾아보면서 섀도잉과 라디오 듣기로 생활에서 영어를 늘려나가기 시작하였다. 나는 많은 자금이 있는 것도 아니었고 사기를 당할까 봐 유학원도 정말 열심히 알아보고 비교해 가며 정하였다. 유학원을 통해서 현지 어학원을 정하는 데 없는 살림에도 크고 유명한 곳에 다니고 싶어서 대형 어학원을 선택하였다. 그 당시 어학원 8개월 + 홈스테이 3주 등록비를 내고 비행기도 확정 짓고 나니 두근두근 너무 설레었다.

떠날 준비는 나름 순조롭게 진행되어 가고 있었으나 가장 큰 산이 남아있었다. 바로 아빠의 반대였다. 살면서 아빠와 싸울 일이 없었고 앞으로도 없을 것 같은데 이때 모두 다 싸워서이지 않을까 싶다. 대학 때 통학 시간이 거의 왕복 4시간은 되었다. 그때는 지금의 수인선도 뚫려있지 않았을 때였고 경기도로 다녔기 때문이다. 그럼에도 자취도 못 하고 집에서 통학하였다. 나도 혼자 살기 무섭기도 했고 부모님도 자취시킬 마음이 없으셨다. 그렇게 한국에서도 한 번도 떨어져 살았던 적이 없는데 갑자기 저기 18시간 떨어져 있는 나라에 혼자 가서 살겠다고 하니 걱정이 너무너무 많으셨다. 그 마음은 알지만 나 또한 지금 아니면 못 갈 것 같다는 생각이 컸다. 지금, 이 기회를 놓치면 나는 평생 후회할 것 같았고 무조건 떠나야겠다는 생각만 가득하였다.

남동생은 대학교 다닐 때 자취도 시켜주고 나는 자취도 안 시켜 줬으면서 왜 못 가게 하냐고 과거 서운했던 것까지 다 끄집어내 와서 얘기하기 시작하였다. 아빠는 딸이라서 더 걱정돼서 안 된다고 하시고 나는 왜 차별하냐고 따져나갔다. 누워있다가도 안방에 씩씩거리면서 가서 막 화를 내고 울고불고한 적도 있다. 모든 말이 그냥 다 서운하게 들렸고 듣고 싶지도 않았고 사춘기도 없던 내가 이래도 되나 싶을 정도로 아빠에게 악을 쓰고 화를 내었다. 엄마는 다행히 나와 같은 생각으로 지금 아니면 곧 30대이고 더 떠나기 힘들어지니 지금 아니면 안 된다는 생각이었다. 아빠와 나 사이의 골이 심각하였다.

내 성격이 평소에는 소심하고 주변에 싫은 소리 못하고 우유부단한 성격인데 정말 큰마음 먹고 정한 내 계획에는 주변 얘기에 휘둘리지 않고 무조건 해야 하는 성격으로 바뀌어 버린다. 예를 들면 회사 퇴사 같은 게 있다. 퇴사하겠다고 마음먹었으면 그 누가 무슨 얘기를 하든 면담 하든 절대 꺾지 않는다. 주변에서도 놀랄 정도이다. 평소에 이정도 얘기하면 다 듣는 애가 이렇게 확고하게 말을 안 듣기도 하냐며 신기해한다. 그 말을 꺼낼 때까지 매우 많은 생각과 시뮬레이션을 돌려보고 생각 정리도 하고 엄청난 마음을 먹고 행하는 일이기 때문이다. 물론 다른 말들을 할 때 쉽게 쉽게 뱉는다는 건 아니다. 의견조율이 가능하고 들어줄 수 있는 것들에 대해서는 열려있지만 살면서 어학연수와 퇴사만큼은 절대 흔들리지 않은 큰 일들이었다.

아무튼 아빠의 반대에도 불구하고 나는 계속 떠날 준비를 하나둘 해나갔다. 나도 마음이 아주 불편했지만 나는 지금 떠나야겠는데 어떻게 하겠는가… 그렇게 정말 우여 곡절 끝에 떠날 날이 다가오고 있는데 또 다른 위기가 닥 쳤다. 왼쪽 팔에 혹 같은 게 잡혔는데 통증이 자꾸 생기고 크기도 커지는 것 같아 병원에 갔더니 모양이 이상하다 고 큰 병원에 가보라고 하였다. 나 다음 달에 떠나야 하 는데 갑자기 이건 또 무슨 일이지? 바로 인천에 2차 병원 에 예약하고 진료를 보았고 결국 떠나기 2주 전 혹 제거 수술을 하게 되었다. 이거 수술하고 바로 비행기 탈 수 있 는 건가, 갈 때까지 긴장감을 놓지를 못하게 하는구나 싶 었다. 다행히도 혹은 나쁜 게 아니었고, 지방종이었다.

그렇게 우여곡절 끝에 2019년 1월 18일 아일랜드로 출 발하는 날이 왔다. 엄마와 아빠께서 공항에 데려다주셨 고 헤어지기 전에 아빠께서는 힘들면 언제든 바로 돌아 오라고 언제 와도 반겨준다고 하셨고 포옹으로 그간의 싸움이 완전히 끝이 났다. 입국심사를 하고 비행기를 기 다리고 있으니 이제야 내가 진짜로 꿈꿔왔던 해외 생활 을 시작하는구나 체감이 되었다. 갑자기 혹 두려움이 몰려 오고 눈물이 났지만 이미 여기까지 왔는데 어찌할 거야 할 수 있어를 외치며 씩씩하게 비행기에 올라탔고 그렇 게 나의 아일랜드 더블린에서의 생활이 시작되었다.

더블린 공항에 도착하여 준비해 준 차를 타고 홈스테이 하는 곳으로 향하는데 온통 영어가 보이고 들리는 새로운 주변 환경을 보고 진짜 시작이 되었구나. 너무 떨렸고 긴장되었다. 홈스테이하는 곳은 시내와 좀 떨어져 있지만 안전한 동네였고 나는 3층 옥탑방을 쓰게 되었다. 짐을 정리하고 침대에 앉아서 천장에 있는 창으로 하늘을 보는데 나도 모르는 몽글한 기분이 들었고 흐르는 눈물을 주체할 수가 없었다. 나 자신이 대견하기도 하고 막상 시작되니 두렵기도 하고 여러 감정이 뒤섞였던 것 같다. 그렇게 하루를 보내고 진정한 해외살이가 시작되었다.

홈스테이 메이트는 2명이 있었는데 스위스에서 온 친구와 튀르키예에서 온 친구가 있었다. 이 친구들은 같은 어학원에 가장 높은 반에 다니고 있었다. 영어를 잘 못하는 나를 위해 쉽게 얘기해 주고 같이 저녁에 외식도 하러 다녀왔다. 너무 신기했다. 기네스 맥주의 나라인 아일랜드에서 기네스 맥주도 마셔보고 외국 음식점도 다녀왔다. 음식 편식이 심한 나는 아직 적응이 필요해 거의 먹지 못했지만, 이 또한 추억이었다. 그동안 영어 공부를 했던 게 맞나 싶을 정도로 빠른 말투와 영국식 영어가 잘 들리지 않아 정말 큰일 났구나 싶었다. 그래도 홈맘과 홈스테이 친구들은 계속 나에게 말을 걸어 주었고 못 알아들으면 바디랭귀지와 쉬운 단어로 답답해하지 않고 도와주었다. 너무나 고마운 친구들이다.

그렇게 월요일이 왔고 나는 홈스테이 친구들과 함께 첫 등교를 하였다. 레벨 테스트를 보는 날이었는데 테스트 후 결과를 기다리면서 쉬는 시간이 있었는데 한국인 언니를 만나게 되었다. 언니는 홈맘이 싸줬다며 먹을 것을 나누어 주었고 우리는 여러 얘기를 나누며 그날로 바로 친구가 되었다. 보통 어학연수 가면 같은 한국인은 멀리하라고 들었지만, 한 명의 언니를 만난 것만으로도 든든함이 생겼다.

그렇게 어학원을 다니면서 조금씩 이곳에 적응하고 있었는데 홈스테이 친구들이 주말에 자기 친구들이랑 골웨이로 1박2일 놀러 가는 데 같이 가자고 하였다. 걱정은 되었지만 내가 언제 이런 기회가 올까 싶어 같이 가기로 하였다. 9명 정도의 친구들이 함께하였고 각자 다른 나라의 친구들이 모여서 신기하였다. 하지만 아무것도 모르고 함께한 여행에서는 잠자리부터 당혹함을 감출 수 없었다. 한국에서도 모르는 사람이랑 방을 쓰는 게스트 하우스나 호스텔 등을 가본 적이 없는데 우리가 묵을 곳이 호스텔이었다. 심지어 남녀 구분도 없었고 모르는 사람들까지 함께하였다. 그리고 내 홈스테이 친구들은 나를 배려해서 대화도 해주고 도와주었지만, 다른 친구들은 각자 본인 나라의 억양으로 영어를 막 쏟아내는데 정신이 하나도 없고 알아들을 수가 없어서 힘들었다. 아 괜히 꼈나 싶었다. 심지어 나는 버스를 오래 타지 못하는데 다음 날 일정이 버스 투어였다. 세상에… 정말 아무것도 모르고 왔고 와서도 대화가 안 되니 내가 뭘 하는지도 몰랐다.

버스 투어에 알아듣지 못하는 말들에 답답함과 걱정으로 계속 긴장 상태로 다녔다. 그래도 중간중간 내려서 보는 풍경들은 기가 막히게 멋있었다. 여행을 끝내고 돌아와서 사진첩을 보니 그래도 친구들 덕에 이렇게 단체 여행도 해보고 멋진 곳도 많이 보고 다녀오길 잘했다고 생각했고 더욱더 영어 공부를 더 열심히 해야겠다는 다짐의 시간도 되었다. 그 후 한국의 설날이 되어 한인회 떡국 행사에 가서 맛있는 한식을 먹고 더 많은 한국인 친구를 만나게 되었다. 한국인 친구끼리 근교 나들이도 다니고 서로 외국인 친구들 한국인 친구들 함께 만나면서 점점 인연을 넓혀가며 의지하고 재미있는 시간을 보낼 수 있었다.

홈스테이에서의 3주가 빠르게 흘렀고 나는 처음으로 이사를 하고 룸메이트가 생겼다. 홈스테이하는 곳에서 시티에 있는 학교까지의 거리는 1시간 가까이 걸렸지만, 안전하다는 장점이 있었기에 시티로 넘어갈지 이쪽에서 계속 지낼지 고민 끝에 안전을 최우선으로 생각해야겠다는 마음에 근처에서 살기로 결정하였다. 내 이사의 조건은 아무 때나 샤워할 수 있고 빨래를 돌릴 수 있는 곳이었다. 홈스테이에서는 저녁 8시 이후와 오전에 샤워와 머리 감기가 금지여서 내가 약간 더러워지는 느낌을 받았기 때문이다. 다행히 근처에 한국인 분이 운영하는 집이 있었고 한국에서 사용하던 것들이 대부분 다 제공되어서 따로 살 것도 없고 딱 맞는 집이었다. 보자마자 그날 계약을 하였다. 인생 첫 룸메이트도 마침 동갑인 한국인 친구였다. 같이 장을 보고 밥도 해 먹고 확실히 한국인이라 편하게 지낼 수 있었다.

아일랜드에 차차 적응해 나가며 이제 일자리를 구해야 하기에 CV를 작성하고 아르바이트생 구하는 매장에 직접 가서 CV를 제출하며 연락이 오기를 기다렸다. 그렇게 나는 아시안 레스토랑에서 외국살이 첫 트라이얼을 하게 되었다. 손님이 원하는 메뉴를 고르면 뷔페식 원형 접시에 담아주는 역할을 하였다. 2시간을 일했는데 처음이라 무섭고 정신도 없고 너무 서러운 시간이었다. 왜 이렇게 소리소리 지르며 말씀하시는지 주눅이 들어 당장 도망가고 싶었다. 좋게 말하면 안 되는 건가… 첫 트라이얼에서 세게 타격을 받은 나는 이곳에서 일해야겠다는 마음이 싹 사라져 버렸다. 이런 식으로 일을 할 거면 한국에서 일하지 왜 타지까지 와서 고생해야 하나 싶은 생각이 들었다. 바로 엄마한테 전화를 걸어 오늘의 서러웠던 것을 말하고 일을 해서 8개월을 채우겠다는 마음을 버리고 그 시간에 이곳 친구들과 더 많은 것을 경험하고 함께하며 추억을 쌓고 가진 자금이 다 떨어지면 한국에 돌아가겠다고 하였다. 그 뒤로 일 구하기는 조금 뒤로 미루고 오전엔 열심히 어학원에서 공부하고 오후에는 이곳저곳 방문하고 추억 쌓기에 집중하였다.

내가 이곳에 와서 아직도 가장 잘했다고 생각하는 건 성패트릭 행사에 봉사활동을 한 것이다. 아일랜드의 대명절인 성패트릭데이에 퍼레이드 행사에 봉사자로 참여하였다. 내가 맡은 자리가 딱 퍼레이드 스탑위치라 퍼레이드들을 눈앞에서 볼 수 있어서 너무 좋았고 이 나라의 대명절에 함께 참여하게 되어 한 뼘 더 아일랜드와 가까워진 것 같은 기분이 들었다. 이날은 초록의 날이라 모든 곳이 초록으로 물들은 날이다. 나도 여기에 맞게 페이스스티커로 꾸미고 헤어밴드도 초록으로 꾸미고 다녔다. 새로운 경험을 했고 행복한 기억으로 계속 남아있다. 그리고 가장 좋아하는 장소인 howth. Dart를 타고 가야 하는 곳인 howth는 가만히 앉아서 정말 맑고 푸르른 물을 보고 있으면 마음의 안정이 되는 느낌이 드는 곳이다. 다시 돌아갈 수 있다면 여기부터 방문하고 싶다.

나는 어학원을 다니면서 과제는 무조건 해야 한다는 생각에 매번 열심히 해갔는데 반 친구들 대부분은 안 해오는 게 일상이었다. 근데 내가 딱 한 번 완전히 까먹고 숙제를 못 한 적이 있는데 그때 브라질 친구가 엄청나게 놀라면서 네가 정말 숙제를 안 해왔다고? 이게 무슨 일이야 하며 진심으로 놀랐던 적이 있다. 그만큼 내가 어학원 생활을 열심히 했다는 증거가 아닌가 싶었다. 하지만 레벨업을 자꾸 안 시켜줘서 나중에는 선생님께 직접 여쭤보았다. 이유는 매주 금요일 써온 글을 발표하는 날이었는데 너무 긴장하고 제대로 못 해서였다. 하지만 난 한국어로도 발표를 못 하는 사람인데요. 한국에서도 발표시키면 두근거리고 제대로 말도 못 하고 그런 사람이라 억울함을 표하면서 말씀드리고서야 겨우 레벨업을 할 수 있었다. 다른 나라 친구들은 이게 맞든 틀리든 일단 뱉고 보고 제스처도 여유롭고 발표를 너무나 잘하였다. 이건 꼭 배울 점이라고 생각하였다. 나는 틀릴까 봐 주저하고 긴장하는 스타일이라 그런 마인드가 너무 부러웠다.

그렇게 이곳 생활에 조금씩 스며들고 있을 때 조금 더 지내보고 싶은 마음에 한식당과 펍을 같이 운영하는 곳에 CV를 냈고 트라이얼을 하게 되었다. 단 1분도 가만히 서 있지 못하고 계속 돌아다니면서 테이블 체크하고 바로바로 빈 컵과 그릇을 치워야 했고 너무 힘들어서 같이 일하는 친한 언니와 눈만 마주치면 나 비행기표 산다고 얘기하고 그랬다. 그렇게 2번째 트라이얼을 하고 나니 역시나 여기서 일은 못 하겠다는 생각을 또 한 번 하게 되었다. 심지어 이날 일을 끝내고 너무 힘들어서 맥도날드에 갔는데 힘들어서 정신이 없어서 가방을 제대로 안 챙겼더니 트라이얼 하고 받은 돈봉투를 잃어버렸다. 나 진짜 힘들게 일해서 번 돈인데 순식간에 사라지다니 와 여기 유럽이었지. 외국이었지. 뒤늦게 정신을 차렸다. 영혼까지 털리게 일해서 번 돈을 이렇게 허무하게 날리다니 그나마 다행인 건 내 지갑은 가방 깊숙이 있어서 트라이얼 돈봉투만 훔쳐 갔다는 점이다. 그렇게라도 위안을 삼았지만, 한국어로 쏟아져 나오는 욕까지는 참을 수 없었다.

그리고 나는 급하게 한국으로 돌아갈 준비를 하였다. 가진 자금도 거의 다 써 갔고 다양하게 즐겼기에 빨리 돌아간다는 것에 큰 후회는 없었다. 돌아가기 전 친구들이 송별회를 하자고 하여 술집에서 처음으로 새벽까지 놀고 새벽 버스를 타고 집에 가보기도 하였다. 버스에 술인지 마약인지 취한 사람들이 많아 집에 가는 내내 쫄아있었지만 내가 떠난다고 아쉬워해 주는 외국인 친구들, 한국인 친구들이 있어서 그래도 내가 여기에 많이 뿌리 내리고 지냈구나! 하는 마음이 들었다. 어학원 반에 대부분이 브라질 친구들이어서 나는 브라질 친구들이 많았는데 그 중 한 친구가 내가 떠난다고 브라질 디저트를 직접 만들어 주었다. 너무너무 감동이었다. 내가 여기와 생각만큼 영어 실력을 늘려가지는 못했지만, 좋은 사람들을 많이 만나게 되어서 참 좋았다.

돌아가는 비행기는 두바이에 24시간 경유하여 1대1로 가이드분과 꽉 차게 시내 투어를 했고 두바이에서 혼자 영어로 커피와 케이크를 주문하고 세계 최대 분수 쇼를 보면서 나 정말 많이 성장했구나. 이제 한국에 가서도 새로운 마인드로 잘 살아갈 수 있겠구나. 내 인생에 큰 선물을 스스로에게 줬다는 생각이 들었다. 앞으로 내가 살아가면서 몇 년이 흘러도 아일랜드에서 삶은 절대 잊을 수 없을 것이다.

내 인생에 가장 긍정적인 터닝포인트가 된 시점이라고 할 수 있다. 아일랜드에서 처음 인연을 맺은 언니와 가장 의지를 많이 했던 언니, 두 번째 룸메이트 동생과는 한국에 와서도 계속 잘 지내고 있을 정도로 해외에서의 끈끈한 무언가가 있는 것 같다.

■ 10년 마침표.

나는 첫 회사에 쓴맛을 본 후 두 번째 회사에 금형 개발팀 경리 직원으로 취업하게 되었다. 그러던 중 총무팀에 새로운 남자 직원이 왔다. 내가 생산팀에 일을 보러 갈 때면 자주 마주치곤 했는데 나도 입사한 지 한 달밖에 안 됐는데 자꾸 나에게 길을 묻거나 질문해서 나중에는 살짝 피해 다녔다는 웃긴 사연이 있다. 총무팀에 제출할 서류가 거의 매일 있었고 나는 그 직원을 매일 보게 되었다. 한 날은 그 직원이 일로 할 이야기가 있을 때 왔다 갔다 힘드니 메신저 아이디를 알려달라고 하였다. 나는 아무 생각 없이 알려주었고 그게 우리 사랑의 매개체가 될 거라고는 생각도 못 하였다. 평소 업무적인 얘기 외에는 나눈 적도 없고 FM으로 일하는 모습만 보였던 사람이었다. 그러나 메신저로는 어느 순간부터 사적인 얘기도 하며 많은 대화를 나누는 우리였다.

나는 이 사람과 절대 연인이 될 거라는 생각이 없었는데 사람 일은 정말 모르는 것이었다. 그 당시 기타를 배우고 있던 나와 과거에 밴드부를 했던 그와 공통점이 생기고 메신저를 계속 주고받다 보니 또 나쁜 사람은 아닌 것 같았다. 그렇게 처음으로 밖에서 밥을 먹기로 했는데 아직도 기억나는데, 빕스에 갔다. 빕스에서 스테이크를 먹고 산책하며 많은 얘기를 주고받았고 그렇게 썸이 시작되었다. 생각보다 그와 만남은 재미있었고 두 번째 고백 만에 받아주어 사귀게 되었다.

처음에는 같은 회사라 조심스러워 비밀 연애를 하기로 하였다. 그렇게 매일 회사에서 얼굴도 보고 그 당시 매주 목요일마다 기타를 배우러 다녔는데 기타 수업이 끝나면 데이트하는 시간을 가졌다. 오빠를 만나기 전에는 기타 수업에 집중하여 열심히 수업에 임하였다. 그러나 어느 순간 이 사람이 아주 좋아졌는지 그렇게 좋아하던 수업 시간이 언제 끝나나 시계를 자꾸만 보게 되는 나를 보며 신기하고 웃겼다. 그 뒤로 기타 실력이 늘지 않았다는 슬픈 이야기가 있지만… 그렇게 오빠와 사이는 점점 더 좋아지고 나는 어린 마음에 내가 연예인도 아니고 굳이 연애 사실을 숨겨야 해? 라는 마음이 들어 카톡 프로필사진에 커플 사진을 해 두었고 회식 때도 숨기지 않고 사귄다는 사실을 얘기하였다.

지금 생각하면 같은 회사면 비밀 연애하는 게 맞는 것 같다. 오빠는 여자 친구라고 봐주는 것 없이 정확한 시간에 단 1분도 봐주지 않았고 뭐 별다른 특혜라고 하기도 뭐한 그런 걸 준 적도 없음에도 불구하고 소문이란 참 신기하였다. 사실 같은 회사에 다니니 괜히 싸울 일이 더 많았던 것도 없지 않아 있었다. 그렇게 함께 회사에 다니다가 나는 개발자를 하겠다고 퇴사했고 오빠는 일이 힘들어 퇴사하여 둘 다 백수이던 기간이 있었다. 내가 생각했을 때 우리가 사귀는 그 긴 시간 동안 이때가 사이가 가장 좋았다는 생각이 들 정도로 싸우지 않았고 너무 행복했고 사이좋게 잘 지냈다. 아무래도 회사 스트레스가 없어서 그랬던 것 같다.

나는 교육원으로 오빠는 새로운 회사로 입사해 서로 다른 길을 가고 있었지만, 오빠는 학생으로 돌아간 나를 응원해 줬고 끝까지 잘 마무리할 수 있게 옆에서 힘이 되는 존재가 되어주었다. 힘들기도 했던 교육원 시절에 시간 날 때 한 번씩 하는 데이트는 나를 숨 쉴 수 있는 숨구멍 같은 날이었다. 내가 수입이 없으면 데이트 비용을 모두 부담하면서도 불평 없이 내 옆을 지켜주었다. 내가 원하던 개발자가 되었던 순간에도 함께였고 축하해 주었다.

맨 처음 국내 여행을 허락받던 시간도 생각이 난다. 우리 부모님께 직접 허락받고 부산 1박2일 여행을 떠났었다. 다행히 여행 스타일로 싸울 일은 없었다. 단둘이 여행을 갈 때면 나는 엑셀에 시간까지 정리하여 가는 스타일이었고 오빠는 그냥 하자는 대로 따라오는 스타일이라 잘 맞았던 것 같다. 한 번은 다낭에 갔는데 비도 오고 이래 저래 내가 생각했던 시간보다 늦게 카페에 도착하게 되었다. 그때 오빠가 우리 여기 몇 분 있을 수 있지? 하며 계획표를 꺼내는데 너무 웃겼던 기억이다. 그렇게까지 안 맞춰줘도 되는데 당시 말은 안 했지만, 노력하는 게 고마웠다. 그렇게 우리는 다른 커플들과 다름없이 만나왔다. 여행도 자주 다니고 맛집도 찾아다니고 함께한 추억들이 참 많다. 돌연 어학연수를 떠나겠다며 떠났던 순간에도 오빠는 나와 함께였다. 어학연수에 갔을 때는 한국 음식들을 택배로 보내줘서 너무 좋았던 기억도 있다.

나는 어학연수에서 돌아온 후 28세 하반기부터 돌연 아프기 시작하였다. 처음에는 목과 허리디스크 치료면 다 끝날 줄 알았다. 그러나 그게 시작이었고 나는 섬유근육통 환우가 되었다. 나는 24시간 온몸에 통증이 지속되었다. 죽는 건 아니지만 계속해서 통증 조절을 하며 살아가야 하는 삶이라는 "섬유근육통" 무서웠다. 유명하다는 병원은 다 찾아보고 쫓아다녔다. 그때 오빠가 날 떠날지 걱정도 되었지만, 오히려 오빠는 열심히 병원들을 검색해 줬고 필요하다면 함께해줬다.

먼 곳에 있는 병원에 갈 때면 소중한 연차를 쓰고 전날 운전해서 함께 가주고 다음 날 진료를 같이 본 후 집에까지 데려다주기도 하였다. 너무나 고마웠다. 병원 퇴원을 해야 할 때도 데리러 와주고 면회가 가능할 때면 꼬박꼬박 와주었다. 언제부턴가 나는 장마철이나 겨울이면 매번 병원에 입원해 있었고 그럴 때마다 인천에서 수원까지도 보러 와주는 정성이 있었다. 지금 생각하면 이러는 게 아무리 여자 친구여도 쉬운 일은 아니었을 텐데 내가 고마움을 너무 표현 못 한 것 같아 미안한 감정이 든다. 나는 오빠가 직업병으로 목이 아프다고 하면 같이 가 줄 생각은 못 하고 회사 근처 어디 병원 가라 오늘은 꼭 가라며 잔소리만 했는데 지금 생각하니 귀찮아하는 오빠를 내가 끌고라도 병원에 데리고 가야 했는데 오빠가 나한테 해준 만큼 내가 못 해준 것 같아 이제 와서 후회된다. 내가 감기에 걸린 상태로 싸울 때면 싸우면서도 약국에 데려가서 약을 사 먹이던 오빠의 모습도 생각이 난다.

오빠랑 나랑 오빠 집에서 잠시 같이 지냈던 때가 있었다. 그때 우리는 10년 동안 안 싸웠던 걸 그 잠깐의 날 동안 다 싸웠다는 생각이 들 정도로 살벌하였다. 왜 사람들이 결혼하면 초반에 그렇게 많이 싸운다는 건지를 잠시나마 느낄 수 있는 시간이었다. 정말 사소한 것 하나부터 삐그

덕거렸다. 언젠가는 수건을 힘껏 털어서 널지 않았다는 이유로 싸우기도 하였다.

그 당시 처음으로 잠깐 헤어지기도 하였다. 오빠가 나가 있을 테니 짐 싸고 나가라고 했고 짐이 많아서 나는 울고불고하며 엄마와 친구까지 와서 짐을 같이 싸줬다. 엄마한테는 나 짐 싸야 하니까 캐리어 가지고 오라고 했고 친구는 내가 울고불고하니까 바로 달려와 줬다. 그게 우리의 처음 헤어짐이었지만 이런저런 핑계로 연락을 조금씩 주고받으면서 결국 2주 만에 재결합하였다. 주변 친구들은 다들 다시 만날 줄 알았다. 안 헤어질 줄 알았다고 하더라. 괜히 민망하였다. 그 뒤로 예전처럼 잘 지냈으나 약간 암묵적으로 "결혼"이라는 단어가 둘의 입에서 한 번도 나오지 않았다. 그전에는 함께 미래를 그리는 말들을 종종 했다면 함께 지내고 싸웠던 이후로는 조용해졌다. 그때 조금은 미래가 걱정되긴 했으나 내 상황상 당장 결혼을 할 수 있는 것도 아니고 그냥 이렇게 잘 만나다가 시간이 해결해 줄 거로 생각하고 말았다.

하지만 결국 우리의 연애는 2024년 1월 1일 정말로 끝이 났다. 내가 22세 오빠가 30세부터 시작한 연애는 10년이란 시간을 함께하였다. 내 20대의 거의 전부를 함께했다고 보면 된다. 오래 만나다 보니 처음의 설렘과 두근거림이 계속됐다면 거짓말이지만 그 안에서 편안함과 가족 같은 느낌의 새로운 감정까지 많은 것을 느끼게 해준 연애였다. 거의 비슷하게 반복되는 데이트에 질리기도 해보고 대화가 점점 줄어드는 우리의 모습을 보고 있으면 이게 맞나 싶을 때도 있었다. 내가 생각하는 우리의 가장 큰 문제는 "대화"였다. 만나는 시간이 길어질수록 하루 종일 같이 있어도 대화를 몇 마디 안 나눌 정도로 서로의 이야기를 점점 안 하게 되었다. 오죽하면 내가 오빠에게 "우리 푸드 메이트야? 같이 앉아서 밥만 먹는 사람들 같아"라는 말도 한 적이 있을 정도였다.

사실 나의 일상은 집-병원뿐이고 오빠도 집-회사뿐이라 더욱 할 말이 없을 수밖에 없는 상황이기도 했지만 그래도 말없이 서로 밥 먹고 커피 마시고 집 가고 이런 데이트에 지루함을 느끼기도 하였다. 리액션이 대체로 적은 오빠를 10년 동안 이해 못 하고 서운해하던 나도 끈질기다. 근데 또 생각해 보면 나도 할 말은 없다. 이래서 티키타카가 중요한가 보다. 시간이 흐를수록 점점 가족이 되어간다고 느껴질수록 대화 자체가 많지 않아졌다. 이것도 우리의 헤어짐에 이유 중 하나라고 생각한다. 우리가 서로 대화가 잘 되었다면 서로의 속마음을 잘 터놓고 지냈다면 과연 이런 결과가 나왔을까? 하는 생각을 하곤 한다. 주변을 보면 좋은 일이든 힘든 일이든 서로의 연인에게 먼저 터놓고 얘기하고 위로받고 했지만, 나는 친구들에게 먼저 알리고 오빠에게는 할 말이 없을 때 툭 던져서 얘기하곤 하였다. 오빠에게 내가 이런 얘기를 해도 돌아오는 대답이 뭐가 될지가 이미 머릿속에 그려졌기 때문이다. 가끔은 통화하면서 내가 말하고 있는데 내 말을 듣고 그에 대한 대답은 없고 끊고 자자고 졸린다고 할 때면 내가 벽에 얘기를 하나 하면서 화가 날 때도 종종 있었다. 근데 나 또한 그걸 말하지 못하고 혼자 속으로만 열 내고 있었다. 오빠 또한 본인 얘기를 속으로만 삼키고 꺼내지를 않았다.

우리가 처음 사귈 때 함께한 약속이 뭐든 얘기하고 많은 대화를 나누자고 싸워도 그 당일에 꼭 다 풀자는 이야기를 했던 게 생각이 난다. 싸우고 다음 날로 안 넘기는 건 그래도 잘 지켜진 것 같다. 이런 것들이 서로 쌓이다 보니 서로에게 할 말을 못 하고 마지막에 빵 터진 것 같다. 사실 오빠는 마지막까지도 본인 얘기를 하지 않았다. 나는 장문의 메시지를 보냈지만, 돌아오는 대답은 정말 짧았다. 그래서 내가 오빠는 왜 끝까지 얘기를 안 하냐며 다그쳤다. 오빠는 본인이 잘 못해서 할 말이 없고 그동안 일로도 쌓인 게 많았는데 그런 게 터진 것 같다고 하였다. 오빠는 끝까지 나를 답답하게 하는구나. 하며 당시에 사실 기분이 썩 좋지 않았다. 아니 솔직한 감정으로는 밉기까지 하였다. 이렇게 서로 대화가 적어지고 만나서 함께 있는 시간이 줄어들고 이런 우리 사이를 보고, 아 끝이 오고 있는 걸까? 라는 생각을 안 해 본 건 아니다. 하지만 우리는 10년이나 만났고 이젠 당연히 있는 존재라고 생각했기 때문에 그냥 이렇게 계속 만나겠지. 이러다 고쳐지지 않겠냐는 안일한 생각을 하였다. 바보 같은 생각이었다.
세상에 당연한 건 없는데 말이다.

10년이라는 세월이 정말 큰 게 둘이 함께한 것들이 너무나 많다는 것이다. 친구들과 맛있는 식당에 가고 내가 좋아하는 카페에 가면 전부 오빠와 함께 찾아다니던 곳이다. 어디를 가도 오빠와 함께했던 추억들이 너무나 많이 남아있다. "어? 나 거기 가봤어! 아…. 오빠랑 갔었네" 이런 식인 곳이 많다. 둘이 근처에 살았기 때문에 더욱 갔던 곳을 친구들과 또 가게 되는 경우가 있을 수밖에 없었다. 그럴 때면 내가 진짜 오빠랑 헤어졌구나. 더욱 마음으로 와닿게 되어 찌릿하다.

이 글을 쓰는 지금은 오빠와 헤어진 지 벌써 11개월이 지났다. 나는 지난 5월부터 몸에 많은 일들이 있어서 시간이 어떻게 흘렀는지 모르겠다. 그러면서 나는 '아 나 오빠랑 알맞은 시기에 잘 헤어졌구나'라는 생각도 얼마나 많이 했는지 모르겠다. 5월엔 왼쪽 발 골절로 인해 골절 수술을 하고 재활하는 등 힘든 시간을 보냈다. 6월 말부터 7월 말까지 약 한 달 이상을 병원에 입원해 있었다. 이때 허리 수술을 하려고 했으나 통증 환자에게 취약한 장마와 태풍이 왔고 수술할 컨디션이 올라오지 못해 결국 수술을 하지 못하고 퇴원하였다. 퇴원 후 일주일 후 재입원을 하였고 허리디스크 수술을 하였다. 다행히 수술은 잘 되었고 만족하며 지냈으나 수술 후 약 보름 후 갑자기 사지 경련이 왔다. 이때 너무나 무서웠고 나 정말 잘못되는 거 아닌가 싶을 정도였다. 같은 병실 어르신들은 빨리 대학병원에 가야 하는 거 아니냐고 무서워할 정도로 작은 일은 아니었다.

이때 내가 잠시 정신을 놓고 갑자기 인생을 되돌아보다가 문득 오빠에게 그동안의 고마움을 꼭 표현해야겠다는 생각이 들었다. 왜 그랬는지 모르겠다. 나중에 이불킥 하려고 그랬나? 하지만 그 당시에 나는 지금이 아니면 안 될 것 같다는 생각이 마구 들었다. 그렇게 약 8개월 만에 오빠에게 처음으로 연락하였다. 내가 이제라도 그동안 진심으로 고맙다고 말하고 싶었다고 그동안 아픈 애 만나면서 고생 많았다며 다음 여자 친구는 꼭 정신도 몸도 건강한 사람 만나길 바란다며 내가 하고 싶던 진심을 다 눌러 담아 장문의 내용을 보냈다. 그러면 안 되지만 괜히 보내면서 차단당했으면 어쩌지 오빠가 읽씹하면 어쩌지 그럼 꽤나 속상할 것 같은데 라는 생각을 하였다. 그러나 다행히 오빠에게 진심의 답장이 왔다. 그렇게 잠깐의 연락을 주고받고 좋게 끝냈다. 나의 사지 경련도 다행히 정상으로 돌아왔다. 이날은 나에겐 잊을 수 없는 날이 되었다.

그렇게 나는 9월도 10월도 11월도 대부분의 날을 다 병원에서 보냈다. 10월 중순부터는 갑자기 허리 통증이 심해지면서 걷는 게 힘들어졌고 지금은 오른쪽 다리를 덜덜덜 거리며 제대로 걷지 못하는 중이다. 이런 모습까지 보이지 않아서 다행이라는 생각이 든다. 그날 우리는 어찌 보면 정말 사소한 일로 각자의 길을 걷게 되었다. 나의 이런 다채로운 아픔들을 더 이상 보이기 싫어서 그날 우리에게 그런 일이 생겼던 걸까? 오빠를 생각하면 다행이라는 생각부터 든다. 10년의 만남 중 거의 반을 아픈 상태로 만났는데도 아픈 걸로 한 번도 나쁜 얘기 하지 않고 응급실 데리고 다니고 병원 쫓아다니고… 반대의 상황이었어도 내가 이렇게까지 할 수 있었을까 싶기도 하다.

뒤늦게 이제 와서 이런 말 하는 것도 옳은 건지 모르겠지만 나 만나면서 고생 많았어! 나는 꼭 오빠가 나와 반대로 몸도 마음도 건강한 사람 만나서 행복했으면 좋겠다.
오빠가 이 책을 읽게 된다면 잘 표현 못하던 내가 이제라도 진심을 표현했음을 알아주었으면 좋겠다.

내 삶, 일시 정지

고통 속에 멈춰버린 시간,
다시 흐르기를 바라며

■ 마약성 진통제

"마약"이라는 단어를 보고 자극적이라고 생각할 수도 있다. 연예인부터 일반인들까지 "마약"으로 처벌받고 불법을 시도하고 세상이 난리인 바로 그것이다. 그러나 나에게는 삶을 살아가는 데 필요한, 그냥 "진통제"의 종류 중 하나일 뿐이다. 어쩌다가 "마약성 진통제"까지 오게 되었는지 나도 이런 몸 상태가 너무 싫고 무섭다. 하지만 이것마저 없으면 엄청난 통증에 시달려 아무것도 할 수 없는 상태이기에 처방받아 먹고 있다. 나라고 처음부터 이렇게 된 것은 아니다.

2019년 목 디스크 치료를 받던 어느 날이었다. 그날따라 유난히 왼팔이 빠질 것 같고 목에서도 심한 통증이 느껴졌다. 퇴근하자마자 병원에 가서 두 번째 신경 주사를 맞았다. 그런데 주사를 맞은 후 첫 번째와는 다른 느낌이 들었다. 그래서 나도 모르게 "저 너무 이상해요! 너무 아프고 몸이 마비된 것 같이 느껴져요."라고 의사 선생님과 간호사 선생님을 향해 소리쳤다. 그러자 선생님 한 분이 내게 오시더니, 어지럽지 않으면 잠시 쉬다가 도수 치료를 받고 귀가하라고 하셨다. 그러나 그 순간 나는 어딘가 잘못된 것 같다는 생각이 들었다. 그럼에도 도수 치료까지 다 받고 집에 가기 위해 버스에 올라탔다. 문제는 그때부터였다. 집까지 가는 1시간 30분 동안 무엇을 해도 계속해서 통증이 느껴지고 허리가 아파졌다. 심지어 다음 날이 되어서도 계속 통증이 느껴졌다.

지금 돌이켜보면 그때 병원에 다시 가야 했는데, 주변에서 목에 주사 맞으면 허리가 아플 수 있다고 이야기하니 굳이 병원에 다시 가지 않고 친구와 신나게 불금을 즐겼다. 그러나 다음날인 토요일 아침, 나는 침대에서 일어날 수 없었다. 몸을 움직일 수 없는 상태에 너무 놀라 엄마를 향해 소리를 치며 빨리 방에 와달라고 하였다. 엄마께서도 놀라 지난번 처방받은 약을 먹여 주셨고 시간이 조금 흐른 후 겨우 허리를 반 접은 채로 화장실까지 걸을 수 있게 되었다. 하지만 이러다가 허리도 펴지 못하게 될까 싶어 엄마 차를 타고 급히 근처 병원으로 향했다. 토요일이라 사람이 많아 1시간 넘게 기다리다가 겨우 진료를 받았으나 검사 예약이 밀려 월요일에 다시 와서 검사를 받아야 한다고 하였다. 내 속은 타들어 가고 너무 무섭고 두려웠다. 하필 왜 주말에 이런 일이 생긴 건지 어제 왜 병원에 안 갔는지 나 자신을 탓하며 집으로 돌아갔다. 침대에 누워 어디서부터 잘못되어, 이렇게 극심한 통증에 시달려야만 하는지 생각해 보았다. 통증을 느꼈을 때 바로 병원에 가야 했는데, 아무 일도 없다는 듯 일상을 보내 이렇게 됐나 싶었다. 어제 친구와 새벽까지 신나게 놀며 "나 이제 안 아픈 것 같아~"라는 말도 안 되는 발언을 했던 나를 반성하였다. 일요일이 되어도 통증은 여전하였다. 그래서 인터넷에 일요일에도 검사가 가능한 병원이 있는지 급하게 검색해 보았다. 마침, 근처에 적당한 병원이 있어 그곳으로 향했고, 나는 생각지도 못하게 그때부터 입원 치료를 시작하게 되었다.

신경외과에서 결국 목과 허리에 신경성형술이라는 것을 받게 되었다. 의사 선생님께서는 내게 아직 나이가 어려 시술을 최대한 하지 않고 싶었으나, 디스크 유착이 심해서 신경차단술을 해도 약이 들어가지 못하고 효과가 없는 지금 상태에서 필요한 시술이라고 하셨다. 카테터라는 얇은 관을 넣어 직접 해당 부위를 치료하는 것이었다. 다행히 시술은 무사히 잘 끝났고 나는 이제부터는 문제가 없을 것으로 생각하였다. 하지만 이건 내 통증과의 싸움과 시작일 뿐이었다.

시술을 받은 후에도 계속 통증이 있어 외래 진료를 다녔다. 시간이 지날수록 통증이 낫는 게 아니라 오히려 심해지고 있었다. 그렇게 몇 개월의 시간이 지나고 나서 병원에서는 섬유근육통인 것 같다며 검색해 보라고 하셨다. 나는 재빠르게 검색하였고 류마티스 내과 진료를 받으라는 내용을 보고 바로 류마티스 내과로 향해 유전자 검사부터 엑스레이, 혈액검사까지 받고 돌아왔다. 검사가 나오기까지 일주일의 시간이 길게 느껴졌다. 혹시나 하며 하루 먼저 전화해 보았더니 결과가 나왔다고 하여 바로 달려갔다. 유전자 검사를 통해 강직성 척추염 관련 유전자가 발견되어 이 병일 수도 있을까 싶었지만, 여러 대학병원을 다녀도 뾰족한 병명을 알 수가 없었다.

그렇게 몇 달의 시간이 흐르고 2020년 6월이 되어서야 서울에 있는 한 대학병원에서 섬유근육통을 진단받게 되었다. 정확한 원인은 찾지 못하였고 나는 그렇게 섬유근육통 환우가 되었다. 이 진단을 받고 나서야 비로소 제대로 된 약물 치료를 받을 수 있게 되었다.

통증을 겪어보지 못한 사람들은 모를 것이다. 이게 내 삶에 얼마나 크나큰 영향을 끼쳤는지… 회사는 다니지도 못한 채 병원만 전전하며 통원 치료와 입원 치료에 시달리면서 생활에 어려움을 느끼며 지내왔다. 조금만 오래 앉아 있거나 외출하고 돌아오는 날이면 새벽마다 누가 주먹으로 때리는 것처럼 통증이 극심해졌다. 생각보다 오랜 기간 통증에 시달리다 보니 예전처럼 정상적인 활동이 힘들어지면서 우울증이 심해졌다. 그래서 정신건

강의학과의 도움을 받아 우울증 치료를 위해 약을 먹기 시작했고 약이 없으면 잠도 자기 힘든 상태가 되었다. 통증은 갈수록 심해지고 그럴수록 약은 강해지고 있었다. 내 생활을 조금이라도 하기 위해서는 통증을 줄여야 했기 때문에 약에 취해 산다고 해도 무방하게 많은 약을 먹게 되었다. 그렇게 처음 마약성 진통제 처방을 받게 된 것은 "펜타닐 패치"였다. 몸에 패치를 붙이면 3일 동안 효과가 지속되는 것이었다. 패치를 막상 붙였을 때는 효과가 그렇게 있나? 싶어 중간에 한 번 끊어보니 효과가 있는 것임을 깨닫게 되었다. 통증이 줄었는데도 이렇게나 아픈 거라는 것을 알게 되었다. 계속되는 강한 통증 호소로 인해 다음은 먹는 마약성 진통제를 처방받게 되었다. 여기까지는 정말 오기 싫었는데 나중을 위해서라도 이건 아닌데 싶었지만, 나중을 생각할 여력이 부족하였다. 지금 당장 살아가기에도 힘에 벅찼으니 말이다. 그렇게 나는 마약성 진통제를 사용하여 통증을 조절하고 있다.

나는 단언컨대 단 한 번도 마약성 진통제를 먹고 기분이 좋아진다거나 통증이 하나도 없다거나 그런 적이 없었다. 그래서 항상 의문이다. 대체 이걸 왜 몰래 사고파는지 불법적인 행동을 벌이는지… 패치나 약이나 안 아픈 사람들이 사용하면 나와 느낌이 다른가? 진심으로 궁금하다.

왜 그러는지. 그리고 이러한 사람들 때문에 정말 필요한 사람들이 사용을 못 하게 되는 상황이 온다.

내가 정말 힘들 때는 119를 불러 근처 응급실에서 통증 조절을 위해 진통제를 맞는다. 처음에는 일반 진통제를 2~3팩씩 맞았지만, 아무런 조절도 되지 못한 채 귀가하곤 하였다. 그렇게 다니다가 한 응급실에서 펜타닐 수액을 처방해 주었다. 내가 먼저 마약성 진통제 달라고 하지 않았다. 내 상태를 보고 병원에서 판단하여 처방해 주신 거다. 그걸 맞는다고 바로 통증이 줄어들지는 않지만, 솔직히 하루 종일 아플 거 반나절 아프고 통증 줄어드는 효과는 있었다고 본다. 응급실은 내 최후의 수단이었고 정말 필요할 때 아니면 집에서 약으로 해결하자가 내 철칙이었다. 그럼에도 어쩔 수 없이 방문하면 몇 번은 펜타닐 수액을 처방해 주시길래 맞았는데 언젠가부터 그 응급실에 가면 "환자분 마약성 진통제 못 드려요"라는 말부터 시작한다. 그럼 나는 "네. 상관없어요. 일반 진통제 중에 센 거로 주세요."라고 말한다. 굳이 내가 막 나 마약성 맞아야 해! 이런 중독자는 아니었으니까… 그러나 갈 때마다 같은 이야기를 들으니, 나중에는 기분이 상하였다. 내가 지금 여기에 와서 마약에 마도 입 밖으로 꺼낸 적이 없는데 지난 차트를 보고 계속 마약성 진통제 안된다는 말을 듣는데 내가 무슨 중독자도 아니고 중독자 취급을 당하는 것 같아 괜히 기분이 좋지 않았다. 물론 그분들은 맞은 적이 있으니 미리 통보하는 것일 뿐이겠지만 애초에 처방을 준 것도 병원이 먼저였고 안 준 것도 병원에서 먼저 말한 건데 왜 계속 그 얘기부터 시작하는지 아파서 예민해지니 들을 때마다 괜한 스트레스를 받았다.

어떤 병원은 외래를 처음 갔는데 그곳에서는 내가 이미 마약성 진통제에 중독이 된 것처럼 말하였다. 솔직히 기분이 너무 나빠서 다시는 안 가고 있다. 물론 의료진 측면에서 봤을 때 내가 먹는 약들이 있고 이력들이 있으니 그렇게 말씀하실 수도 있다. 그러나 나는 패치도 끊었고 약도 조절해서 줄여가는 중인데 그런 식의 이야기를 들으니 억울함만 들었다. 그동안 몇 년간 어떻게 흘러와서 이렇게까지 왔는지는 다 모르면서 당장 지금의 상황을 보고 그런 얘기를 들으니 더욱 반감이 든 것 같다. 어쩌면 내가 이미 중독이 되어 버렸을 수도 있을까? 라고 조금이라도 든 생각을 인정하기 싫어서일지도 모른다. 나는 절대로 인정하고 싶지 않기 때문이다. 나는 언제든 통증이 좋아지면 바로 끊을 수 있고 내 인생에 꼭 필요한 약이 아니다. 라고 생각하며 지금은 필요에 의해 잠시 먹는 것뿐이다. 라고, 항시 다짐하고 있으니까.

나에겐 그냥 당장 움직이기 위한 배터리의 종류 중 하나일 뿐이다.

■ 병원에서 듣는 말·말·말

나는 2019년부터 지금까지 치료를 위해 수많은 병원에 다니고 있다. 외래는 물론이고 입원 치료도 많이 하였다. 의료진분들 및 같은 입원 환자분들 등 많은 사람들을 만났고 대화도 나누며 다양한 인연들을 스쳐 갔다. 나는 병실에서 커튼을 다 닫고 있는 것을 좋아하지 않아 더 다양한 환자분들과 대화를 나눌 수 있었던 것 같다. 각자 다른 삶을 살아왔고 아픈 곳도 다르지만, 같은 공간에 있다는 이유로 뭔지 모를 친밀감에 그 며칠을 같이 보내면서 수많은 대화를 나눈다. 그렇게 친해져서 계속 연락하기도 하고 우연히 외래에서 만나면 그렇게 반갑게 인사할 수가 없다. 나는 다른 환자분들과 대화하면서 섬유근육통에 대해 말하며 24시간 통증이 있고 심하면 돌발통이 와서 하루 종일 일어나지도 못하고 엄청난 통증을 겪는다고 설명할 때가 많다. 심지어 입원 중에 돌발통이 와서 힘들어하는 날이 있는데 그럴 때면 같은 모습을 보고 상반된 반응을 들을 수 있다.

일단 내가 들었던 이야기 중에 가장 큰 상처를 받고 기억에 가장 남는 말이 있다. 처음에 말로만 설명 들었을 때는 남자 친구와 빨리 결혼하고 아기를 낳으라며… 결혼하고 아기 낳으면 안 아플 거라고 말씀하셨다. 사실 이 얘기는 정말 자주 듣는다. 하도 들어서 이게 진짜 신빙성이 있는 말인가? 싶은 정도다. 뭐 있다고 해도 나는 모르고 싶다. 한 생명을 품고 낳고 키우고 이게 얼마나 힘든 일인데 지금, 이 몸 상태로 그런 크나큰 일을 하라는 건지 이해하지 못하겠다. 심지어 나는 정신과 약과 마약성 진통제까지 먹고 있기 때문에 약을 다 끊고 몸에서 약이 다 빠진 후에나 아이를 가져야 한다는데 가능할지도 의문이다. 아무튼 이런 얘기를 정말 많이 듣는데 한 번은 이런 적이 있다.

내가 평소에는 계속 통증이 있으니 어느 정도 통증까지는 나도 인정하고 괜찮은 척 살아가고 있다. 그래서 멀쩡해 보이는 모습만 보다가 하루는 돌발통이 와서 아무것도 못 하고 하루 종일 앓기만 하는 모습을 보신 것이다. 그러더니 갑자기 나에게 남자 친구를 놔주라고 하셨다. 솔직히 내 아들이 아가씨 같은 여자 데리고 오면 결혼 반대할 거라고 하셨다. 내가 아주머니 아들과 만나는 것도 아닌데 굳이 이런 말을 왜 대놓고 하시는지 모르겠다. 상처받을 거라는 생각은 안 하셨나…? 언제는 결혼하고 아기 낳으라면서요. 나는 그때 따지지 못하고 그냥 어버버 넘어간 게 후회되기도 한다. 기분이 정말 너무 나빴고 내가 왜 이런 얘기를 들어야 하는지 황당하였다. 왜 당당하게 상처받았음을 얘기하지 못하고 사과받지 못했는지 아직도 마음속에 가장 크게 남아있는 상처의 말이다.

안 그래도 내가 아픈 상태로 남자 친구 만나는 것에 대해 고민도 많았고 남자 친구 부모님은 어떻게 생각하실지 이렇게 계속 만나도 되는지에 대해 고민하던 때였는데 대놓고 비수를 꽂으시니 상처가 몇 배나 컸다. 상대방에 대한 배려가 너무 없는 이야기가 아니었나 싶다. 그런데 더 웃긴 건 나는 혼자 걸어 다녔고 저런 얘기하셨던 분은 다리 수술을 하셔서 휠체어 타고 다니시던 분이었다. 언젠가 한 번은 나보고 1층 편의점에 가서 뭐 좀 사다 달라고 부탁하셨다. 응? 저도 환자인데요? 내가 아무리 걸어 다니고 한다지만 나도 아파서 입원했고 환자인데 같은 환자한테 심부름을 시키다니 황당하였다. 이것만은 내가 해주지 않겠다고 다짐하며 1층에 갈 일 없다고 사다 드리지 않았다. 심부름에 상처받는 말에 콤보로 나에게 상처를 준 그 어르신 환자분을 잊을 수가 없다. 한 가지 더 얘기하면 내 번호를 물어보셔서 알려드렸더니 한방병원으로 옮겨 가신 후 전화가 왔다. 여기 한방병원 너무 좋다며 나보고도 여기에 입원해 보라면서 본인 옆에 자리 비었다고 나를 자꾸 불렀다. 또 같은 병실에 놓고 심부름시키려고 하시나? 라는 생각이 먼저 들었다면 내가 좀 나쁜 사람인 걸까 싶기도 하지만 그때만큼은 저 생각이 가장 먼저 들었다. 이 어르신이 수많은 입원 생활 중 나에게 상처 준 환자 1위이다. 몇 년이 지난 지금까지도 생각하면 기분이 좋아지지 않는다.

보통 수술을 하거나 시술하면 보호대를 하고 다니는데 나는 그런 것도 없이 겉으로는 멀쩡해 보이는데, 여기에 왜 입원해 있나 궁금해하는 분들도 계셨다. 다른 병실이었는데도 내가 궁금했나 보다. 결국은 며칠 보다가 슬쩍 물어보셔서 섬유근육통이라는 전신통증 질환으로 입원해 있다고 말씀드렸더니 아 그거 정말 힘든 거 아니냐고 뭔지 안다고 하셨던 분도 계신다. 본인들은 내가 교통사고 나이롱환자이냐는 생각도 했다면서… 겉으로 보이는 게 없으니 통증 환자들은 이렇게 아파도 엄한 의심도 받고 나만 아는 외로운 싸움이라는 말이 딱 맞는 것 같다.

한 번은 서울에 있는 대학병원에 처음으로 엄마와 함께 진료를 간 적이 있다. 큰 병원이었고 거리도 멀어 엄마가 데려다주시면서 같이 진료실에 들어갔다. 진료를 보는데 교수님 말투가 우선 너무 쉽게 말씀하시는 것 같아 기분이 썩 좋지는 않았다. 처음 섬유근육통 진단 받은 곳이 어디냐고 하셔서 말씀드렸더니 그럼 그 교수님 말씀이 맞다며… 재활 열심히 받고 스트레칭하라고 하셨다. 고치기 어려운 병이고 원래 약도 안 듣는 거라며 약이 반이라고 하셨다. 엄마께서는 걱정이 되어 약을 계속 먹어도 안 낫고 일상생활조차 제대로 하지 못한다고 하니 너무 쉽게 이건 원래 그런 거라고 말씀하셨다. 고치기 어렵다는 것도 알고 나 혼자 진료 볼 때도 상처받는 말들, 말투들 여럿 들어왔지만, 엄마랑 같이 진료를 보는데 같이 상처받으니 아 괜히 왔다는 생각이 들었다. 그냥 나 혼자 진료실 들어갈걸… 엄마께서도 기분이 좋지 않아 다른 유명한 병원으로 예약하라고 하셨다.

그렇게 나와 맞는 병원을 찾기 위해 여기저기 다니다가 수원에 한 대학병원에 정착하게 되었다. 교수님께서는 잔잔하며 동요하지 않는 말투에 실력도 유명하시다고 들어 드디어 찾았다 하고 거리가 있지만 시외버스를 타고 다니며 열심히 진료를 다녔다. 처음에는 외래 진료로 계속 다니다가 나중에는 입원장을 써주셔서 입원 치료를 하게 되었다. 대학병원 입원은 처음이어서 많이 긴장한 채로, 입원실로 향하였다. 확실히 2차 병원과는 분위기와 느낌이 아주 달랐다. 그 분위기에 압도당해 처음 적응할 때 두려움이 컸다. 모두가 정신없이 흘러가고 위급하고 그런 분위기라고 느꼈다. 대학병원은 코로나에 굉장히 민감해 모두 커튼을 무조건 다 치고 서로 대화도 불가능하였다. 항상 다른 환자들과 얘기하며 이런저런 얘기 듣는 재미도 있었는데 그런 게 안되니 처음엔 답답했지만, 그 또한 적응되어 나중에는 편하기도 했다. 때 되면 치료받으러 가고 때 되면 밥 먹고 그렇게 적응해 나갔다.

이 병원에 여러 차례 입원 생활을 했는데 한 번은 전공의 선생님이 정말 좋으신 분이 계셨다. 어떻게든 통증을 줄여주려고 노력해 주시는 게 너무 보였고 말투도 친절하시고 다른 과 협진도 잘 해주셔서 정형외과 협진으로 발목 수술까지 무사히 받을 수 있었다. 수술할 때도 신기했던 경험이 있다. 워낙 이 병원에 꽤 오래 다니다 보니 많은 선생님을 만났다가 헤어지고 했는데 수술방에서 갑자기 마취과 여자 선생님께서 "박 수아님 저예요!" 하며 너무 반갑게 인사를 하셨다. 얼굴을 보니 엇! 선생님! 통증치료실에 계셨던 선생님이셨던 거다. 아는 얼굴을 만나니 반갑고 긴장감이 확 줄었다. 그렇게 선생님께 인사를 하고 바로 잠에 들어서 끝인사는 하지 못했다.

수술을 잘 끝내고 통증클리닉과 정형외과 함께 치료를 받느라 통증 전공의 선생님께서는 중간에서 귀찮으실 텐데도 항상 웃상이셨다. 의료진 소개 사진만 봐도 혼자 환하게 웃고 계신다. 그런데 청천벽력 같은 얘기를 들었다. 이제 수술방으로 가셔야 한다고 하셨다. 거긴 내가 따라갈 수도 없는 곳이기에 너무나 아쉬웠다. 그렇게 그

전공의 선생님과 헤어지게 되었고, 주사 치료를 하면서 들었는데 새로운 선생님까지도 아 그 선생님께서 나를 낫게 해주려고 애 많이 쓰셨다고 말씀하시는 걸 듣고 역시 다른 선생님들까지 알 정도면 최선을 다해 주셨다는 것을 알 수 있었다. 그리고 그 선생님은 수술실 교수님이 되셨다는 소식을 전해 듣고 너무 축하한다고 전해 달라고 말씀드렸지만, 한편으로는 '아 다시는 뵙기 힘들겠구나' 하며 아쉬운 마음도 들었다.

또 다른 인연은 재활 선생님이셨는데 여러 차례 입원하면서 재활 선생님도 몇 번 바뀌었다. 그 와중에 마지막으로 만난 분이 계시는데 그 선생님과는 끝까지 계속 치료를 함께하신 분이다. 환자분들한테 인기가 많은 분이시라 예약 잡기가 어렵다고 했는데 치료를 받아보니 이유를 알겠다. 친절하시고 대화도 잘 통해서 치료 시간이 즐거웠다. 가장 중요한 실력도 당연히 좋으셨다. 연차가 꽤 높으신데도 불구하고 항상 공부하시고 발전하시려는 모습이 멋있으셨다. 나도 항상 발전하는 삶을 살아야지 생각하는데 통증 재활과 더불어 그런 모습도 본받아야겠다 생각하였다. 한때 내가 파리바게뜨 단팥빵에 빠져있어서 거의 매일 먹을 때가 있었는데 코로나로 갑자기 환자는 출입 금지라고 못 가게 된 적이 있었다. 그게 너무 억울해서 선생님께 막 얘기한 적이 있는데 며칠 뒤에 그걸 기억하시고 대신 사다 주시기도 하였다. 면회도 안 되고 나는 상주 보호자가 없어서 대신 가줄 사람도 없어서 나름 그게 되게 서러웠는데 너무 감사하였다.

퇴원하고 다른 병원에서 도수치료를 받는데 선생님께 받았을 때와 너무 달라서 감사함이 생각나서 선생님께서 알려주신 아내분 인스타그램으로 감사 DM을 보낸 적도 있다. 후에 선생님을 다시 만났을 때 그때 좋게 DM 보내줘서 감동이었다고 하셔서 내 감사함이 그래도 잘 전달됐구나 싶었다. 그렇게 계속된 대학병원 입원과 통원 치료를 하며 다니다가 갑자기 나라에 의료 대란이 나면서 대학병원에서 치료를 받을 수 없게 되었다. 그렇게 나는 한순간에 치료받을 병원을 잃었고 또다시 병원을 찾아 헤매게 된다.

그런 와중에 평택에 신경외과 원장님을 추천받게 되었다. 나는 인천, 서울, 경기 가릴 때가 아니었기에 1시간 30분 거리인 평택 병원까지 가게 되었다. 그렇게 힘들게 온 곳에서 너무 훌륭하신 선생님을 만나게 되었다. 말투도 너무 친절하시고 여태 만났던 의사 선생님 중에 가장 인성과 실력을 갖춘 분이라고 감히 말할 수 있을 정도이다. 그렇게 나는 평택에서 입원 치료를 하였고 여기서도 많은 환자분을 만났다. 할머니의 어린 시절 얘기 듣는 것도 흥미로웠고 각자 어떻게 지내다가 수술하게 되었는지 이야기를 듣는 것도 좋았다.

한 번은 병실에 나 제외 모두 수술과 항생제로 인해 변비에 걸렸는데 한 명이 성공하고 오면 다 같이 박수를 쳐주며 진심으로 축하해 주기도 하였다. 즐거운 경험이었다. 그리고 한 아주머니께서 너무 고생하셔서 약국에 이런 게 있으니 드셔보세요. 했는데 다행히 그걸 드시고 성공하여 배가 편하니 너무 좋다고 고맙다며 치킨 파티를 열어주셨다. 이렇게 병실에 누가 있느냐에 따라 분위기가 굉장히 달라진다. 여기서 처음으로 마음에 맞는 동갑 친구도 만나서 외래에 오는 날 시간 맞춰 보기도 하고 연락하고 지내고 있다. 좋은 인연을 만났다. 하지만 역시나 이곳에서도 같은 이야기를 또 듣게 된다. 나이도 젊은데 아이 낳고 살아야 할 나이에 어쩌냐며 걱정해 주시는 말씀을 하셨다. 근데 이상하게 이 얘기는 언제 들어도 왜 적응이 안 되고 기분이 안 좋은지 모르겠다. 아마도 나는 내 이 수많은 약들을 끊을 수 없음과 그로 인해 아이를 낳을 수 없음을 직감적으로 알고 있기 때문에 그런 게 아닐까 라는 생각을 한다.

한 번은 내가 갑자기 허리가 펴지지 않고 걷는 게 안 되어 급하게 평택까지 택시 타고 달려가서 입원한 적이 있다. 꾸준히 치료를 받고 있었는데도 호전이 크게 안 되고 있던 때다. 나의 노력과 시간이 더 필요하다는 걸 알면서도 하루하루 시간이 흐를 때마다 이대로 못 걸을까 봐 걱정이 많이 되었다. 그때 마침 화장실에서 거울을 보는데, 워커에 의지해서 허리는 제대로 펴지도 못한 채 서 있는 내 모습을 보니 기분이 이상하였다. 이 모습을 처음 본 것도 아닌데 그날따라 유독 내가 너무 불쌍해 보였다. 내가 왜 이렇게 됐는지 화도 나고 슬프기도 하고 앞으로의 모습이 걱정도 되고 이런저런 생각이 들었다.

그렇게 병실로 와서 나도 모르게 눈물이 났고 막 울고 있었다. 내가 막 울고 있으니까, 앞에 아주머니 환자분께서 종이컵에 따뜻한 물을 떠 와서 조용히 주고 가셨다. 젊은데 힘내야지, 왜 그러냐고 밥 잘 챙겨 먹으라면서… 너무나 감사하였다. 보통은 젊은 아가씨가 어쩌다 이러냐며 한마디씩 해서 더 마음 아프게 하는 경우가 훨씬 많기 때문이다. 별말 없이 가져다주신 따뜻한 물에 마음도 따뜻해졌고 정신을 똑바로 잡고 버텨야겠다고 다짐하게 되었다.

신경 주사는 언제 맞아도 적응이 안 되고 특히 아픈 부위일수록 주사가 더 아프게 들어오는데 하루는 괜히 더 아픈 것 같고 서러워서 그대로 울어버렸다. 걷지도 못해 그대로 휠체어를 타고 병실로 왔고 자리에 누워서도 서러움이 가지를 않았다. 속으로 오만가지의 걱정들이 뒤덮으니, 눈물이 멈추지 않았다. 한참을 울고 있는데 신경외과 전담간호사 선생님이 오셨고 우는 나를 달래주시고 가셨다. 조금 뒤 밥이 나왔는데 앉을 힘도 없고 입맛도 없어 쭈그려 누워있었다. 원장님께서 회진을 오셨고 증상 얘기를 하고 전담간호사 선생님께서 내가 운 이야기를 하셨다. 원장님께서는 밥을 먹으라고 하셨는데 나는 지금 제 자세 좀 보라고 손으로 짚고 겨우 앉아 있다고 앉기도 힘들다고 하였다. 원장님께서는 침대 뒤를 올려서 등 대고 앉을 수 있도록 해주셨다. 원래 허리 수술 후 올리지 말라고 했었는데 어쩔 수 없었다. 원장님께서는 밥 먹으라며 직접 밥뚜껑까지 열어주셨다. 이런 분이 또 어디 있을까? 그 많은 병원에 다녀봤지만 처음이다. 항상 걱정하지 말라고 말씀해 주시고 내년에는 뛰어도 다니게 해준다고 하셨다. 항상 치료도 최선을 다해 주시고 나의 의지와 노력을 알아주셔서 원장님에 대한 신뢰도가 굉장히 높다. 내가 내 척추 하나 잘못 되어도 원장님이 그러신 거라면 정말 어쩔 수 없는 일이었구나 하고 넘어갈 수 있을 정도라고 말할 정도이다.

또한 이곳에서 만난 도수 선생님께서도 시간을 오버해서라도 어떻게든 걷게 해주려고 치료를 열심히 해주셨다. 대화도 잘 맞고 치료 실력도 너무 좋아서 내가 이 먼 평택까지 오길 잘했다고 생각하였다. 의사 선생님도 도수 선생님도 다 너무 잘 만나서 치료가 되는 것에 감사하였다. 도수 선생님은 심지어 내가 주말마다 빨래방에 가는 걸 아시는데 내가 걷지를 못해서 못 나가는 것을 아시고 직접 빨래를 해다 주시겠다고 하셔서 처음에는 계속 거절했는데 나중에는 정말 어쩔 수가 없어서 맡겨서 선생님께서 빨래까지 해 주셨다. 이런 선생님이 또 어디 있을까 싶다. 그리고 병원 밥을 잘 안 먹으니까, 옆에 브런치 식당에 가서 음식도 포장해 주시고 세심하게 돌봐 주셔서 너무 감사드린다. 잘하고 있다고 용기도 주시고 모두가 열심히 치료해 주신 결과 나는 퇴원할 때 걸어서 나갈 수 있게 되었다. 이처럼 병원에서는 정말 다양한 상황과 이야기들이 오가는 곳이다.

내 MBTI가 ISFJ에서 절대 안 바뀌는 게 병원에서 하면 51%로, ESFJ로 바뀌는 신기한 경험을 할 수 있듯이 사람들에게 상처도 많이 받지만, 다양한 이야기를 듣고 대화를 나누는 게 나는 외롭지 않고 좋아하는 사람이란 것을 알 수 있게 되었다. 최대한 상처 받는 말들은 잊고 좋은 말들만 기억하고 치료에 전념하고자 다시 한번 다짐해 본다.

5년 만의 해외여행

2019년 아일랜드 어학연수 이후 계속 통증과 살아가느라 비행기를 타는 건 꿈도 꾸지 못하였다. 항상 병원이 근처에 있어야 했고 먹어야 할 약은 왜 이리도 많은지 감히 국내 여행조차 다닐 용기와 몸 상태가 되지 못하였다. 거기에 수익도 없었으니 더더욱 힘들었다. 그러던 중 2023년 동영상 크리에이터를 뽑는 LG 유플러스 와이낫 부스터스 2기에 합격하게 되었다. 미션을 받고 영상을 만드는 경험을 하였으며, 꼼지락꼼지락 만든 영상으로 수익까지 생기게 되니 내가 몇 년 만에 무언가를 해냈다는 기쁨과 설렘으로 용기가 생겼다.

사실 아픈 뒤로 제대로 무언가를 이루어 낸 게 없어 나는 이렇게 쓸모없는 인간이 되어가는 건가 싶었다. 모든 것에서 뒤처지는 것 같고, 갈수록 할 수 있는 것도 할 줄 아는 것도 줄어드니 심적으로 아주 괴로웠는데 부스터스 활동으로 인해 조금은 마음가짐이 달라지기도 하였다. 그렇게 생긴 용기가 나 이제 해외여행도 한 번 도전해 볼까? 라는 생각까지 올 수 있게 되었다. 우선 다니는 정신과 원장님께 내가 비행기를 잘 탈 수 있을지 여쭤보았는데 당연히 탈 수 있다고 하셔서 여행에 한 발짝 더 다가갈 수 있었다.

그렇게 나는 친한 언니와 함께 4월 3박 4일 홍콩 여행 준비를 시작하였다. 5년 만에 비행이라니 내가 해외여행이라니 솔직히 비행기 타기 직전까지도 걱정이 많았지만, 차근차근 준비하며 몸 상태도 열심히 돌보았다. 일단 개명 후 여권이 없어서 당장 여권부터 만들었다. 1월에 비행기 표를 예매하고 나니 진짜로 내가 가는구나! 실감이 났다. 비행기 표 예매도 입원 중에 했다는 건 웃기기도 한 일이다. 호텔도 열심히 검색해서 예매하고 하나둘 계획표가 생기면서 제발 그때만은 아프지 말자고 얼마나 바랬는지 모른다. 떠나기 한 달 전인 3월에도 입원 생활을 잠깐 했고 떠나기 4일 전에는 응급실까지 다녀왔으니 갈 때까지 마음 졸이게 하였다. 떠나기 전에 혹시 모를 마약성 약들을 오해받아 뺏길까 봐 영문 처방전까지 철저히 준비해 갔다. 입원 캐리어 짐이 아닌 여행 짐을 싸니 감회가 새로웠다. 그리고 내가 여행을 가겠다고 했을 때 사실 가족들이 걱정되어 반대할까, 걱정하는 마음도 있었다. 하지만 엄마가 흔쾌히 허락해 주셨고 더 걱정되었던 아빠에게 말했을 때는 잘했다고 잘 다녀오라며 그렇게 앞으로 하나씩 해나가면 된다고 응원의 말을 해주셔서 뜻밖의 감동을 받았다.

그렇게 떠나는 날인 4월 17일이 왔다. 이날은 내 생일이기도 하다. 나에게 있어 아주 큰 의미가 있는 날이 되었다. 다행히 공황장애 없이 무사히 비행기를 타고 홍콩 공항에 도착했다. 와 이 다른 나라 온도, 습기, 언어 얼마 만인지 드디어 내가 한국을 떠나왔다는 것이 실감 났다. 호텔도 마음에 쏙 들었다. 이제 한국에 돌아갈 때까지 아프지만 않으면 완벽할 것 같다. 4월의 홍콩은 습도가 90% 이상이었고 날씨도 엄청 더웠다.

첫째 날은 관광의 날이었다. 지하철을 타고 IFC몰에 가서 구경하고 완탕면 맛집을 다녀왔다. 나는 편식이 심해서 향 강한 음식, 파, 마늘, 양파를 먹지 못한다. K-마늘 한 스푼 넣으면 절대 못 먹는다. 그래서 해외에서 음식 먹을 때 낯을 많이 가리는데 다행히 향도 없고 낯익은 맛이라 잘 먹을 수 있었다. 언니 덕에 홍콩에서의 첫 끼를 든든히 먹고 구경을 할 수 있었다. 가장 사고 싶었던 밀크티 잔 세트도 구했고 구석구석 구경하는 재미가 있었다. 첫날에 유명한 관광지들을 많이 다녀왔는데 나는 정말 심각한 길치라서 지도를 봐도 잘 못 따라간다. 그래서 언니가 나 때문에 길 찾느라 고생을 많이 하였다. 나도 내가 답답했는데 언니는 날도 더운데 길 찾고 나 챙기고 첫날부터 지쳤을 만하다. 나도 눈치껏 노력은 했으나 전혀

감을 잡지 못하고 어버버하고 있었다. 홍콩 미아 될 뻔하였다. 안 버리고 가줘서 고마울 따름이다. 그 와중에 한국에서부터 예약하고 간 쉬림프 레스토랑은 또 얼마나 맛있던지 야경까지 알차게 구경하고 돌아갔다. 한국에서 만 보 이상 걸은 게 언제 적인지 기억도 잘 안 나는데, 워치에 만 보 이상이 찍혀있었다. 이렇게 걸어 다닌 게 얼마 만인지 아프지 않으려고 계속 긴장 상태로 다니고 열심히 영양제 챙겨 먹은 보람이 있었다. 호텔에 와서 씻고 그대로 기절하였다.

둘째 날은 기대하고 기대한 디즈니랜드에 가는 날이다. 아침을 먹고 오는데 비가 내리기 시작하였다. 이러면 안 되는데… 그렇게 계속 시계를 보며 비가 그치기를 기다리고 있는데 친구들한테 걱정하는 연락이 왔다. 내가 어제 힘들어서 기절하는 바람에 SNS나 카톡을 거의 못 했더니 잘 도착했는지 아프지는 않은지 괜찮은 건지 걱정하고 있었다. 얘들아 나 어제 열심히 돌아다니고 기절하는 바람에 연락 못 했어. 나 잘 있어. 그렇게 비가 그치길 기다리다가 오후에 디즈니랜드를 향해 떠났다. 놀이동산 자체가 몇 년 만인데 심지어 해외 놀이동산이라니 나 성공하였다. 놀이기구도 못 탈 줄 알았는데 사람이 많아서 못 탔지, 나 놀이기구도 탈 수 있네? 하나하나 나에 대해 알아가는 시간도 가질 수 있었다. 혹시라도 공황장애가 올까 봐 걱정했기 때문이다. 다행히 걱정은 기우였고 하이라이트 불꽃놀이까지 다 보고 모든 에너지를 쏟고 돌아올 수 있었다. 이틀 연속 바깥나들이에 몇만 보씩 걸음에 다음날이 살짝 걱정됐지만 집에 갈 때까지 긴장을 늦추지 말자는 생각으로 모든 정신력을 끌어올렸다. 언니도 내가 아플까 봐 걱정돼서 계획 짤 때 배려를 많이 해주었다.

셋째 날은 내 로망 해외 호텔 피트니스센터에서 운동하기로 시작하는 날이었다. 아침에 일어나니 온몸이 쑤셔 조금 고민했지만 내가 또 언제 할 수 있겠어! 하며 운동복을 갈아입고 혼자 운동하러 갔다. 나는 한 30~40분 동안 러닝머신과 로잉머신을 타며 땀을 한껏 흘리며 로망을 즐기고 있었는데 헬스장에 있는 몇 안 되는 사람 중에 땀에 절여있는 사람은 나뿐이었다. 열심히 사진 찍는 사람들, 러닝머신 걷고 있는 사람들 등 각자 목적이 달랐다. 아 나도 예쁜 옷 입고 가서 사진 찍어야 했는데 헬린이가 너무 운동하는 사람처럼 갔다. 운동 후 가벼워진 몸으로 마지막 여행을 즐기러 밖을 나섰다. 그런데 이날 내가 아주 큰 실수를 하였다. 언니와 공금을 모아서 내가 가지고 다녔는데 아침에 추가로 모은 회비를 잃어버린 것이다.

아마 침대에 그대로 놓고 나왔는데 팁인 줄 알고 가져갔을 확률이 높다. 아 언니한테 너무 미안하고 당황스러웠다. 언니는 내가 돈 훔쳐 가도 본인은 모른다고 괜찮다고 해 주었다. 처음으로 딤섬도 먹어보고 페리도 타봤다.

사실 전에 남자 친구랑 인천에서 15분 정도 배 타고 가면 되는 섬이 있었는데 엄청나게 기대하면서 계획했는데, 가기 하루 전날 밤에 다음 날 배를 탈 생각하니까 심장이 너무 뛰고 무섭고 갑자기 공포감이 휘몰아친 적이 있다. 그래서 결국 그곳은 가지 못했었는데 페리는 다행히 잘 즐기며 탈 수 있었다. 이게 해외여행의 힘인가? 마지막 밤이라 분위기 좋아 보이는 레스토랑에서 저녁을 먹고 야경이 예쁜 바에 가서 무알코올 칵테일도 마셨다. 매 저 녁은 홍콩 음식이 아닌 레스토랑에서 먹어서 음식 걱정을 덜 수 있었다. 삼십 대인데 애들보다도 편식을 더 하는 것 같다. 마지막 날까지 매일 1만~2만 보를 걸으며 구경하고 먹고 이게 된다고? 사실 너무 놀라웠다. 물론 내가 약을 좀 더 오버로 먹기는 했지만 그래도 다음에도 여행에 도전할 수 있을 것 같은 자신감이 붙었다. 한국에 돌아와 짐을 찾고 부모님 차를 타고 집에 와서 누우니 모든 긴장이 풀리면서 안정감과 동시에 통증이 슬금슬금 찾아왔다.

아, 이게 현실이지 참. 잠시 꿈꾸고 온 것 같다. 다행히 바로 병원 예약 날이라 가서 진료 보고 주사 치료도 받고 5년 만의 해외여행 여독까지 끝이 났다. 이번 여행은 여행 자체로 행복했던 것도 있지만 내가 정말 크게 한 발짝 나아갔음을 증명해 주는 계기가 되기도 하였다. 통증이 평소보다 덜해서 떠난 게 아닌 내가 할 수 있음을 나에게도 보여주는 계기가 되었으면 하였다. 물론 좋기만 했다면 거짓말이지만 힘든 걸 이길 수 있을 만큼 좋은 시간이었고 언니 덕분에 홍콩 여행에 도전할 수 있었기에 나를 꺼내줘서 고맙다고 전하고 싶다.

그리고 나는 또 실패했던 다른 것들에도 계속해서 도전해 나갈 것이다.

허리 디스크 수술까지 가는 길

나는 섬유근육통 통증으로 힘든 나날을 보내고 있지만 이것만이 문제가 아니었다. 목 디스크, 흉추 디스크, 허리 디스크까지 온갖 디스크는 다 가지고 있다. 계속 신경 주사와 신경성형술로 버티고 있었지만, 이놈의 허리통증은 점점 한계가 왔다. 방사통도 심해지고 섬유근육통 통증에 디스크 통증까지 함께하니 배로 죽을 맛이었다. 그렇게 나는 2024년 5월 친한 언니에게 소개받은 평택의 신경외과로 향했다. 그동안의 진료 기록을 적은 종이 5장과 영상 CD, 진단서 등 자료들을 챙겨서 가지고 갔다. 사실 진료 기록을 적은 종이들은 여러 병원에 가지고 다녔지만 제대로 읽어주는 의사 선생님이 거의 없었다. 그냥 "섬유근육통 때문이에요."라는 말을 가장 많이 들었을 것이다.

오죽하면 내가 섬유근육통인 것을 숨기고 한 번도 가지 않은 병원에 가서 허리 MRI를 찍어오고 그랬다. 이번에도 혹시나 하는 마음에 들고 간 종이인데 의사 선생님께서는 꼼꼼히 모든 걸 다 읽어 주셨고 영상도 열심히 봐주시는 것이다. 그리고 너무나 친절하게 진료를 봐주셨다. 내가 이미 인터넷으로 정보를 찾고 왔는데 원장님께서는 양방향 내시경 수술을 잘하시는 걸로 유명한 분이셨다. 그래서 나는 원장님께 저 수술 가능하냐고 가능하면 하고 싶다고 말씀드렸다. 허리 수술은 함부로 하는 게 아니라는 말을 너무 많이 들어서 척추 수술을 생각해 본 적이 없지만 최근 들어 이대로 사느니 수술할 수 있으면 하고 싶다는 생각이 들었다. 그렇게 원장님과 신중히 상의하고 확인 후에 입원하였고 그다음 주 화요일에 수술을 진행하기로 하였다. 수술 시간은 15분~30분 정도로 간단하다고 하셨다. 그렇게 나는 수술을 앞두고 입원 생활을 시작하였다. 나는 목요일에 입원하였고 수술 일정에 맞춰 화요일에 수술하기로 하였는데 이때 주말에 사고가 나게 되었다.

병원 옥상이 있었는데 넓어서 걷기 운동하기 좋은 공간이었다. 한 가지 단점은 옥상 입구에 단이 한 칸이 있었다. 나는 일요일에 무슨 바람이 불었는지 옥상 가서 심박수 운동을 좀 해야겠다며 워치를 차고 올라갔다. 옥상에서 엘리베이터를 내린 후 앞을 보고 가야 했는데 워치 설정을 한다고 잠깐 한눈을 판 사이에 그 한 칸 단을 못 보고 그대로 넘어져 버렸다. 와 미친 듯이 아파서 아찔했다. 너무 아프고 몸이 움직여지지 않았다. 일어나야 하는데 특히 왼쪽 발이 아예 힘이 들어가지를 않아 몸을 일으킬 수조차 없었다. 어떡하지 일단 여기서 내려가서 병동은 가야 하는데 큰일이다. 너무 무서웠다. 그때 구세주처럼 워커를 끌고 운동 중이시던 어르신 두 분이 오셨다. 무슨 일이냐고 물어보시고 본인들 워커를 잡으면서 천천히 일어나 보라고 하셨다. 계속 여기에 그렇게 앉아 있을 수만은 없지 않냐며 천천히 해보라고 하시고 한 분은 날 일으켜 주시고 한 분은 간호사 선생님과 휠체어를 가지고 오겠다며 병동으로 내려가셨다. 그렇게 나는 겨우겨우 어르신의 워커를 잡고 버텼다. 잠시 후 간호사 선생님께서 휠체어를 가지고 오셨고 나는 겨우 휠체어에 옮겨 타서 병실로 올 수 있었다. 근데 정말 이거 너무 아프다 큰일이다. 내가 그래도 양쪽 발목을 합쳐 총 4번의 수술을 했지만, 이 정도 아픈 건 처음인 것 같다. 일단 주말이라 당장 진료를 볼 수는 없어서 얼음찜질하고 다음 날 정형외과에 협진을 내주셔서 진료를 보았다. X-Ray 상에서 왼쪽 발목에 골절이 되었다고 하셨다. 네? 골절이요? 그 한 칸에서 넘어졌는데 골절이라니… 심지어 MRI를 찍어보고 수술해야 할 수도 있다고 하시는 거다. 나 내일 허리디스크 수술해야 하는데… 그렇게 MRI 결과가 나왔고 골절 수술을 해야 한다고 하셨다. 심지어 수술하고 박혀있는 나사 2개를 1년 후쯤에 빼내는 수술을 또 해야 한다고 하였다. 나는 내일 허리 수술 예정이라고 하니 신경외과 원장님과 상의해서 허리 수술하고, 이어서 골절 수술을 하던지 어떻게 할지 정해서 알려주신다고 하셨다. 하루에 수술 두 개라니 이거 맞는 건가? 왜 괜히 안 하던 운동을 하겠다고 깝쳐서 이런 일이 생겼는지 모르겠다. 친구가 카톡으로 다른 의미로 심박수 올렸다며… 웃픈 얘기였다.

수술에 대한 얘기가 나왔는데 허리 수술을 하고 나면 걷기운동을 많이 해야 하는데 골절 수술을 하면 한동안 걸을 수가 없어서 허리 수술은 연기하고 골절 수술만 하기로 결정이 났다. 대신 목 신경성형술은 가능하다고 하여 목 신경성형술과 발목 골절 수술을 하기로 하였다. 신경성형술도 수술실에서 진행하는 것이고 시술 후 2시간은 누워서 쉬어야 한다고 하여 하루에 수술실을 2번 들어가게 되었다. 하루에 수술실 2번이라니 인생 쉽지 않네? 라는 생각이 들었고 허리 수술을 하러 들어가야 하는 수술실에 골절 수술이라니 이게 무슨 일인가 싶었다. 진짜 앞으로는 앞에 잘 보고 다녀야지 다짐하게 되는 시간이었다. 수술실에서 마취하는데 내가 정신과 약을 꽤 오래 먹어서 그런지 처음에 수면 마취가 안 돼서 약을 계속 추가하고 중간에 깨서 약을 또 추가하는 상황이 왔었다. 그래도 다행히 골절 수술은 잘 끝났다. 수술 후 문제는 항상 장시간 같은 자세로 있어야 해서 수술 부위보다 척추 통증이 훨씬 심하다. 이번에도 역시나 척추 통증으로 고생 좀 하였다. 수술 부위도 기존 인대 수술과는 차원이 다르게 아프고 불편하였다. 인대 수술 후에는 그래도 살짝씩 몰래 딛고 야금야금 살았는데 이번 수술 후에는 아예 아무것도 되지 않았다.

샤워를 못 하면 죽는 줄 아는 병이 있는 나는 수술 다음 날 샤워하겠다고 나대다가 다들 가만히 좀 있으라고 해서 일단은 참았는데 언제까지 참아야 하나 이것 또한 나에겐 아주 큰 문제였다. 그나마 내가 간호 간병 통합병동이라 주 2회 머리 감겨주는 요일이 있었다. 수술하고 며칠 제대로 못 씻어서 속으로 화가 났는데 조금은 풀어지는 느낌이었다. 그렇게 한동안은 목발 생활을 하며 지냈다. 목발 생활이 끝난 후 허리 수술이 한 발 남았다.

외래 진료를 가서 허리 수술 하기 일주일 정도 전에 입원해서 골절 재활한 후에 허리 수술을 해도 되냐고 여쭤봤는데 가능하다고 하셔서 일단 재활을 먼저 받기 시작하였다. 그렇게 열심히 재활을 받으며 수술 날짜를 기다리는데, 주말에 비가 내렸다. 나는 몸이 아픈 뒤로 날궂이가 너무너무 심해서 비, 태풍, 장마, 겨울철엔 제대로 살아갈 수가 없다. 정말 통증이 미친 듯이 괴롭히는 시기이다. 하필 수술 예정 전에 비가 내려서 컨디션이 다 떨어지고 수면 패턴도 다 깨져서 수술이 미뤄지게 되었다. 일단 이틀 정도 미뤄서 목요일 예정이라고 하셨으나 그 주 내내 비 소식이 있어서 컨디션 보고 다시 결정하기로 하였다. 허리 수술 한 번 하기 너무 힘들다. 그렇지만 내가 생각해도 이 컨디션에 수술하기에는 아닌 것 같을 정도로 몸이 너무 안 좋았다. 하지만 역시 그 주 목요일에도 수술하지 못하였다. 돌발통이 심하게 오고 얼굴에 경련까지 왔기 때문이다. 그렇게 계속 컨디션이 안 좋아서 수술할 만큼의 몸까지 회복이 안 되고 수술은 밀려만 갔다. 계속 이런 나의 상태를 보면서 원장님께서도 고민이 깊어만 가셨다. 어쩌면 이번 입원은 넘기고 재입원해서 수술하는 것도 고민 중이라고 하셨다.

계속 나를 지켜보는 중이었는데 나 같은 경우는 섬유근육통도 있고 다른 사람과 달라 예측이 어렵다고 하셨다. 수술을 안 할 경우에는 그냥 지금처럼 이 통증과 불편함으로 살아가는 것과 수술했을 때는 방사통은 없어지지만, 허리가 약해질 수 있고, 50 대 50의 확률로 통증이 더 커질 수도 있다고 하셨다. 원장님께서 2달 동안 지켜본 결과 일반사람들과 결과가 다른 게 많아서 고민하며 지켜보고 계셨다. 만약에라도 통증이 더 커진다면 그 통증은 어떻게 할 수가 없다고 하셨다. 디스크뿐만 아니라 협착증도 있는데 일반 환자들은 시간이 지나면 뻐근하고 그런 게 없어지는 데 나는 어쩌면 통증이 더 가중될 수 있다고 하셨다. 이 얘기를 듣고 나도 정말 고민이 많아졌다. 지금 이 상태로 살아가라고? 너무 아프고 힘들고 불편해서 안 되겠는데 혹시나 지금보다 통증이 더 심해진다면? 이건 사는 게 사는 게 아니지 않을까 싶었다. 선택지 2개의 최악의 결과만 본다면 사실 뭐 하나 고를 게 없다. 이게 그냥 간단한 문제가 아니구나 싶었고 정말 열심히 고민하고 또 고민하였다. 엄마랑 원장님께서 통화로 상담도 하고 셋의 고민은 깊어만 갔다. 그렇게 고민 끝에 나는 엄마에게 내 의견을 전달하였다. 어차피 내년이든 몇 달 뒤든 변하는 건 디스크 심해지는 것뿐일 텐데 그때 가서 또 더 아프고, 고민하느니 지금 마음먹었을 때 수술하겠다며 마음을 굳혔다. 엄마도 섣불리 하라고 하기도 하지 말라고 하기도 뭐하다며 고민이 많으셨다. 그래서 내 의견을 전달했고 엄마와 원장님도 통화를 하여 다음 주까지 더 생각해 보고 정하겠다는 결론이 나왔다. 원장님께서도 여기저기 자문하시고 논문도 찾아보시면서 정말 최선을 다해 주셨다. 무엇보다도 내 컨디션을 잘 돌봐 주셨다. 그렇게 이제 모두가 마음을 먹고 월요일에 수술하자고 하였다. 어휴 길었다. 그래 이제 운명에 맡기자며 기다리고 있었는데 일요일에 또 청천벽력 같은 이야기를 들었다. 월요일에 원장님 응급 수술이 잡히셔서 내 수술을 못 하게 되었다고 한다. 그렇게 또 내 수술은 미뤄졌다. 이 정도면 온 우주가 내 수술을 막는 게 아닐까? 싶은 생각이 들었다. 그리고 하루하루 언제 수술할지 내 컨디션은 또 어떻게 바뀔지 모르니 너무나 답답한 마음도 있었다. 확실히 척추 수술이라 그런지 엄마도 그동안 다른 수술할 때는 걱정이 없었는데 이번엔 잠도 설치고 면회 올 정도로 느낌이 다르다고 하셨다.

그렇게 몇 주가 밀렸고 이제는 해야 할 때가 아닌가 싶었는데 이놈의 날씨가 또 문제다. 날씨가 비가 올 것처럼 흐리니까 컨디션은 계속 떨어지고 결국엔 약 5주간의 입원을 하였고 수술은 받지 못하였다. 정말 온갖 것에서 수술을 못 하게 막았다. 수술을 미룰 때까지 미룰 수많은 원인은 다 나타난 것 같다. 이게 말이 되는 거야? 너무 황당했다. 한편으로는 이 정도면 수술하지 말라는 걸까? 다시 생각해야 하나 싶었지만 지금 이 상태로 계속 사느니 언제가 되도 해야겠다고 생각하였다. 원장님께서도 컨디션 걱정도 되고 해서 일단 컨디션 좋을 때 하면 좋겠다고 일주일 잘 쉬고 와서 수술하자고 하셨다. 그렇게 7월을 힘들게 보내고 주어진 일주일 동안 열심히 친구들도 만나고 컨디션을 끌어올리기 위해 노력하여 8월 초 다시 입원하였고 드디어 수술 날짜가 왔다.

이번에는 컨디션도 괜찮았고 문제없이 수술실에 들어갈 수 있었다. 이 수술까지 다들 얼마나 많은 고민과 힘든 시간을 보냈는지 알기에 50%의 확률에 희망을 걸었고 수술이 잘 되기만을 바랐다. 다행히도 수술은 너무 잘 끝났다. 드디어 큰 숙제를 끝낸 기분이었다. 역시나 신경이 너무 예민했고 생각보다 심한 부분도 있었는데 다 깔끔하게 정리하고 나왔다고 하셨다. 수술 후 통증이 너무 심한데 수술한 당일이라 정신과 약을 먹으면 안 돼서 날밤을 새우며 통증을 그대로 느끼느라 죽는 줄 알았다. 퍼져 있던 통증이 한쪽으로 몰린 느낌이었다. 새벽 내내 잠깐 후회도 할 뻔하였다. 그러나 이 시간만 지나면 달라질 거라는 생각으로 버텼다. 그렇게 아침이 왔고 잠깐 설잠에 들었다가 깼는데 이게 뭐지 걷는 것도 잘하고 통증이 줄었다. 밤새 그렇게 아파 죽을 뻔했는데 이게 갑자기 이렇게 된다니 신기했다. 물론 당연히 수술 전보다는 아직 더 아프긴 한데 새벽에 비하면 너무 좋아져서 놀랐다. 그렇게 하루이틀이 지나고 나의 만족도는 더 높아졌다. 오른쪽 허리에 딱 아픈 포인트 자리가 있는데 그게 사라진 것이다. 하루하루 달라지는 통증에 하길 잘했다는 생각이 들었다. 아직 힘이 빠지는 건 심해져서 워커를 끌고 다니지만 이건 천천히 돌아올 거고 일단 통증이 줄어든 것에 너무나 만족하였다.

하지만 내 삶은 왜 이리 쉽게 넘어가는 게 없는 건지 수술 후 일주일 정도 됐을 때부터 다리 떨림 증상이 생기기 시작하였다. 수술도 잘됐고 이럴만한 이유가 없는데 또 원인불명이다. 심적인 것일 수도 있다고 했지만 내가 수술 잘 되고 얼마나 좋아했는데 그럴 일은 절대 없다고 하였다. 물리치료와 도수치료를 열심히 받으면 금방 낫겠지, 하며 열심히 치료를 받으면서 지냈다. 하지만 또 또 문제가 생겼다. 갑자기 사지 경련이 심하게 왔다. 나 착하게 살았는데 왜 자꾸 나한테만 이런 시련이 오는 걸까 내가 덜 아파보겠다고 개명까지 하고 힘든 고민 끝에 수술까지 잘 끝냈는데 이런 일이 생긴다니 살면서 사지 경련은 처음이다. 대체 나한테 왜 이러는 건데? 온 우주가 내 건강을 다 막고 있는 게 틀림없다고 느껴질 지경이다. 내가 세상에 뭘 그렇게 잘못했는데 나한테만 온갖 시련을 다 주는지 진짜 너무 화가 나기도 하였다. 사지 경련이 오고 간호사 선생님들께서 상태를 보고 바로 원장님 호출을 하셨고 조금 뒤에 원장님이 오셨는데 정신과 약 중의 하나가 뒤늦게 반응이 온 것 같다고 하신 것 같다. 사실 정신이 없어서 제대로 기억도 안 난다. 몸에서 일단 약물을 빼낸다고 진통제 수액 다 빼고 수액을 넣어 화장실을 가게 만들어서 몸속에서 빠져나갈 수 있게 처치를 해주시고 가셨다. 솔직히 이때 경련 시간이 길어지면서 정말 이대로 죽는 거 아니야? 할 정도로 무서웠다. 병실 같이 쓰던 어르신들도 많이 놀라셔서 대학병원 옮겨가야 하는 거 아니냐고 빨리 부모님 인천에서 오라고 하라며 걱정을 엄청나게 해주셨다. 거의 2시간 정도를 얼굴에서 발끝까지 경련이 났다. 양쪽 다리가 너무 심했고 다 돌아왔어도 다리만 끝까지 안 돌아오다가 마지막에 멈췄다.

이 시기에 엄마는 인천에서 어깨 수술을 받고 엄마도 입원 중이셔서 엄청 심각하게 말은 못 했지만 사실 너무 무서웠고 엄마가 너무 보고 싶었다. 솔직히 말하면 이때 죽을 것처럼 무서운 어둠이 닥치니 가족들과 주변 친구들도 생각나고 뭐 당장 잘못될 사람처럼 온갖 생각이 다 들었다.

그렇게 큰 사건들이 지나가고 퇴원해서 보호대를 하고 다니며 큰 문제 없이 지내고 있다. 다행히 수술 후 더 큰 통증은 생기지 않았고 디스크 통증과 방사통이 점차 줄면서 수술한 것에 대한 후회가 완벽히 없어졌다. 중간에 정말 큰 산들과 이것저것 과정이 많았던 만큼 이번 허리 수술은 정말 심적으로도 아주 힘들었던 것 같다. 그래도 괜히 좋지 않은 컨디션에 그냥 수술을 진행하거나 하지 않고 계속 지켜봐 주시고 좋은 날 성공적인 수술을 해주신 의사 선생님께 감사드린다. 후에 인천에서 병원에 가느라 수술했을 때 받아온 CD를 가져갔었는데 다들 허리 수술이 너무 잘 되어 있다고 하였다. 역시나 못 믿을 건 내 몸뿐이구나 싶다.

상처 속에 찾는 희망

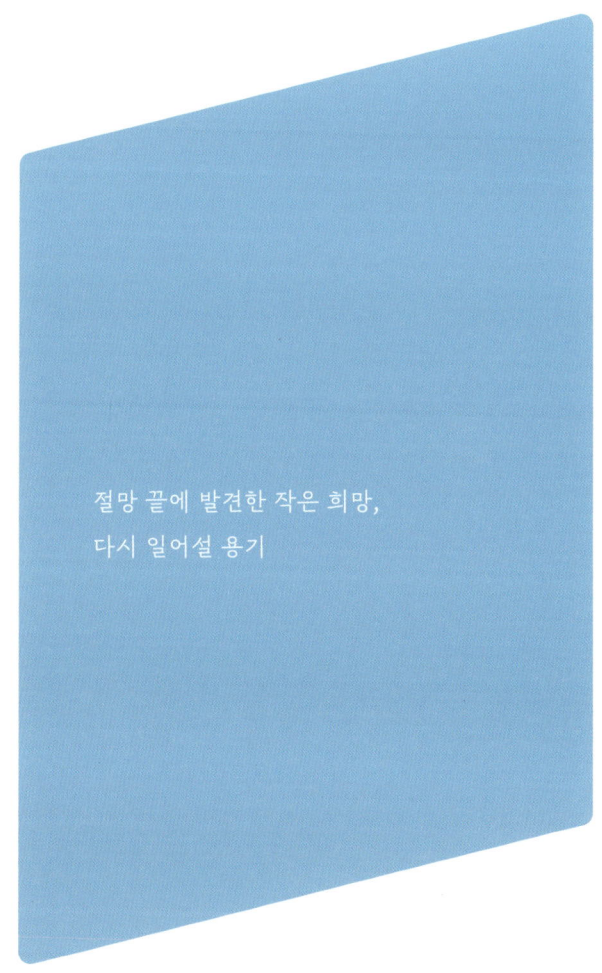

절망 끝에 발견한 작은 희망,
다시 일어설 용기

■ 너 괜찮아?

나는 친구 관계가 넓은 편이 아니다. 대신 깊고 좋은 사람들만 곁에 있다. 내가 아프고 나서 약속 날이 다가오거나 당일이 되면 "오늘 몸 괜찮아?" 같은 나의 컨디션 걱정하는 질문들이 오고는 한다. 나는 지금도 그렇지만 아프기 초창기 때는 이 질문이 오면 지금보다 더 많은 두려움을 느꼈다. 내가 갑자기 입원하게 돼서 약속이 취소되거나 돌발통이 와서 약속에 못 나가거나 할 때가 종종 생기면서 아 나 이러다가 친구들 잃는 거 아니야? 하는 생각들이 들었기 때문이다. 나는 약속이 취소되면 굉장히 아쉬워하는 마음을 가지는 사람으로서 다른 친구들도 만나기로 했으면 준비 시간도 있고 만나는 설렘도 있는데 내가 그 흥을 다 깨버리는 것 같아서 약속 당일에 아프면 그 어느 때보다도 스트레스를 많이 받아서 더 심하게 아프기도 하다.

물론 친구들은 예전부터 지금까지 내가 아파서 못 나간다고 해서 나를 탓한다거나 뭐라고 한적은 단 한 명도 없다. 오히려 걱정하면서 쉬라고 해줘서 고마울 따름이다. 하지만 나 스스로가 마음에 너무 걸려서 정말 죽어라 돌발통 오는 날 아니면 무조건 괜찮다고 약속에 나가곤 한다. 나는 친구들을 만나서 에너지를 받는 사람인데 친구들을 잃고 싶지 않은 마음이 너무 크다. 약속 당일에는 아르기

닌과 마시는 비타민에 진통제도 평소보다 더 많이 먹고 나간다. 어떻게든 친구들과 끝까지 신나게 놀고 싶은 마음에 만반의 준비를 하고 나가는 것이다. 사실 친구들과 신나게 놀수록 새벽부터 내 통증이 얼마나 크게 올지 나는 알고 있지만 그걸 이길 만큼 나는 사람 만나는 게 너무 좋다. 신나게 놀고 집에 와서 긴장이 풀려 아프기 시작하면 그래 오늘 그만큼 재밌었으니까~ 하며 그날의 통증은 미워하지 않는다.

한번은 놀다가 중간에 너무 아팠지만, 티를 내지 않고 잘 버틴다고 있었는데 혼자 식은땀을 엄청나게 흘리면서 누가 봐도 아픈 애라고 쓰여있어 친구들이 바로 택시를 불러 집에 보낸 적도 있다. 그럴 때 너무 속상하다. 조금만 더 버텨보지 왜 눈치 없이 벌써 아프냐며 통증에 화가 난다.

그리고 가끔은 친구들이 나를 빼고 만났다고 하면 괜히 서운함을 느낀 적도 있다. 사실 전혀 서운할 일도 아니고 빼고 만난다는 말조차 웃기는데 자격지심인 것 같다. 괜히 내가 아파서 술도 못 마시고 분위기 흐릴까 봐 나를 빼고 만났나? 이런 식의 생각을 하고는 하였다. 나도 이런 생각하는 내 자신이 마음에 들지 않고 스스로가 친구들한테 집착하는 느낌이 들어서 내가 왜 이러지 싶기도 하였다. 건강할 때는 평일에 일 열심히 하고 친구들과 불금 보내면서 회사 스트레스 풀고 또 일하고 이러는 재미로 살았는데 아프면서 친구들 다 일하는 시간에 혼자 집에 박혀서 직업도 없이 이러고 있는 나 자신이 너무 한없이 초라하고 한심하다고 느끼면서 그런 느낌이 더 드는 것 같다. 몸도 아프고 마음의 병까지 생긴 나를 나조차도 이해하기 힘들고 싫은데 주변 친구들이 이런 내 모습에 실망하거나 버거워서 떠나갈까 하는 마음에 항상 사로잡혀 있다. 당시 남자 친구도 내 아픔까지 챙기고 결혼하는 건 버거워서 결혼하자고 안 하는 걸까? 라는 생각도 하고 혼자 부정적인 생각을 많이도 하였다. 막상 주변에서 내 아픈 걸로 부정적인 이야기를 대놓고 하는 사람은 아무도 없는데 말이다. 나는 이런 점을 당연하게 생각하지 않고 매번 약속 잡고 만나서 놀고 할 때마다 고마움을 먼저 떠올린다. 그냥 '함께 만나서 노는 것'인데 이걸 나는 '애들이 아픈 나랑 놀아주는 것'이라고 생각하곤 하였다.

이런 생각을 하는 것조차 내가 내 자신을 깎아내리는 것인데 내가 왜 이렇게까지 작아졌나 싶어 서럽기도 하다. 지금은 이런 생각을 버리려고 많이 노력해서 이겨내는 중인데, 초중반에 가장 심했던 것 같다. 내가 아프고 안 아프고의 문제가 아닌 것들도 다 내 통증 탓으로 돌려 생각하는 나도 반성해야 한다고 느끼고 있다. 그냥 지금 나에게 괜찮냐고 묻는 말을 질문 그대로 정말 '컨디션'을 묻는 말인데 괜히 더 안 아픈 척 더 괜찮은 척 애쓰지 말고 있는 그대로 대답하면 된다고 스스로 되뇌며 저 밑바닥까지 추락한 나의 자존감을 조금이라도 끌어 올리기 위해 굉장히 노력 중이다. 어느덧 통증과 함께 살고 있는 삶이 6년이나 되었는데 아직도 이런 내 삶이 어렵게만 느껴진다.

■ 왕따가 나에게 남긴 것

나는 지금 대학병원에 입원 중이다. 대학병원은 여전히 커튼을 닫고 있어야 한다. 대화상대는 매일 통화하는 엄마뿐이다. 자리도 하필 문 뒤라서 눈뜨면 가장 먼저 보이는 건 커튼과 회색 문이다. 이 좁은 내 공간에서 매일 혼자만의 시간을 보내야 한다. 답답하기도 하고 괜히 숨도 막히는 것 같고 그렇다. 그래도 이 부분에서는 금방 적응하며 살아가고 있다.

하지만 나에게 여전히 고쳐지지 않은 입원 생활 아침 루틴이 정해져 있다. 새벽 6시 20분에 일어나서 샤워하고 병실에 다른 환자분들이 깨어있을 시간인 7시 조금 넘으면 드라이기를 한다. 시끄러울까 봐 3분을 넘기지 않게 말린다. 그리고 아침을 먹고 깔끔하고 멀쩡한 모습으로 회진을 기다린다. 사실 여기까지 하면 이제 나는 1차 방전이 된다. 치료가 없으면 갑자기 아침잠을 자면서 체력을 충전시킨다. 그렇게 하루를 2번에 나눠서 살아가는 느낌이다. 몸이 너무 안 좋아서 이 루틴이 지켜지지 않으면 스트레스가 온몸을 지배한다. 못 씻었다는 것에 스트레스를 많이 받아서 더 힘들어진다. 심지어 집에서 응급실에 갈 때도 못 씻을 정도로 아플 때는 119에 신고도 못한다. 내가 너무 더러워 보여서…. 죽을힘을 다해 씻고 나서야 응급실도 가곤 한다. 이럴 때 보면 강박증이 다

고쳐지지는 않은 것 같다.

사실 나는 중·고등학생 때부터 강박증세가 있었다. 쉬는 시간에는 무조건 화장실에 가야 하고 손을 엄청나게 오래 씻었다. 내게 주어진 10분의 쉬는 시간은 화장실에서 시작하고 화장실에서 끝이 났다. 친구들도 나에게 책을 빌리거나 할 말이 있으면 당연하게 화장실로 오곤 하였다. 고등학교 때 가장 심했는데 내가 하도 손을 계속 씻고 안 나오니까 애들이 물을 꺼버리거나 화장실 불을 꺼버리기도 하였다. 하지만 나는 내가 원하는 만큼 못 씻었다 싶으면 찝찝함이 남아 계속 생각이 났다. '손 씻어야 해'라는 생각이 머리를 떠나지 않았다. 나도 이런 내가 힘들었다. 정신과 치료를 받고 싶다는 생각도 들었다. 하지만 그때 당시 정신과에 간다는 건 내가 정신질환이 있다는 것을 인정해야 하는 것으로 생각했기 때문에 차마 엄마에게 말하지 못하였다. 그리고 들려오는 말들이 '정신과에 다녀오면 기록이 남아 취업에 지장을 준다.' '정신과에 다녀오면~에 불리하다.'와 같은 부정적인 얘기들이 많았다. 그래서 더더욱 갈 생각조차 하지 못하였다.

집에서도 내가 손을 오래 씻는 걸 알고 있었고 설거지를 한번 시키면 정말로 하루 종일 그릇을 닦아대서 설거지를 맡기지 않았다. 혼자 먹은 밥그릇, 숟가락 같은 걸 닦는데 시트콤 한 편이 끝나있을 정도였다. 혹시나 내가 한 설거지에서 세제가 다 안 닦여서 가족들이 아프면 어떡하지? 라는 생각에 계속 닦고 또 닦아내었다. 내가 설거지 한 그릇에 내가 먹어서 아픈 건 괜찮지만 가족들이 나 때문에 피해 볼까 봐 나 때문에 아프거나 잘못될까 봐…. 그 생각 때문에 하염없이 설거지한 것이다. 성인이 되고 사회생활을 하면서 손 씻는 시간이 많이 줄긴 했지만, 일반 사람에 비하면 여전히 너무 길었다. 같은 여직원분들이 항상 나를 기다렸고 오래 씻는다고 놀랐다. 나보다 연차도 나이도 많은 분들이 나를 기다리는 게 신경 쓰여서 최대한 줄이고 줄여봤다.

그렇게 쭉 살아오다가 갑자기 섬유근육통 환우가 되었고 정신과 진료를 같이 보는 것을 추천한다고 해서 정신과에 다니게 되었다. 정말 솔직히 말하면 나는 이 핑계로 강박증세도 치료 받을 수 있는 기회라고 생각하였다. 예전보다는 나아졌지만, 여전히 정신과에 가는 것을 안 좋게 보는 사람들이 많은데 내가 회사에 다녀보니 회사에서 내가 말하지 않으면 정신과 다니는지 알 수 없다는 점. 그래서 내 취업에 전혀 방해되지 않는다는 것을 깨달았고 생각보다 정신과에는 다양한 연령층에 환자들이 많고 그냥 몸이 아프면 가는 것처럼 마음이 아파서 다니는 같은 병원일 뿐이었다. 하지만 나도 처음부터 당당하게 다니지는 못했던 것 같다. 나는 "통증 질환" 때문에 다니는 거야. 라는 핑계 뒤에 숨어 당당함을 애기하곤 했으니 말이다. 첫 병원부터 나와 잘 맞은 건 아니었다. 그곳에서 지어온 약을 먹었는데 갑자기 우울증 증상이 나타났다. 약을 먹고 괜찮아지는 게 아니라 그냥 나도 모르게 울고불고 난리가 났다. 엄마가 놀라서 약 먹지 말라고 바로 쓰레기통에 가져다 버리셨다. 그렇게 두세 군데 옮기고 지금의 병원에 정착하여 몇 년을 다니고 있다.

나는 솔직히 처음에는 병원에 가서 억울해하였다. 나는 통증만 아니면 우울할 일이 없고 잘 살고 있었는데 통증 때문에 정신과에도 오게 된 거다. 라며 모든 걸 통증 탓을 하였다. 하지만 설문지와 자율신경계 이상 검사 등에서 내 안 진실의 모습을 보게 되었다. 이미 나는 너무나 우울한 사람이었고 그것을 행동으로 표현하는 것이 아닌 온몸의 통증으로 받아내는 사람이었다. 남들이 1만큼의 통증을 느끼는 것을 나는 10만큼 느끼는 사람이었다. 하고 싶은 말을 다 못하고 속으로 삭히는 성격 때문에도 있는 것 같다. 이런 경우 치료가 더 어렵다고 하였다. 나는 꾸준히 치료를 받을 것을 다짐하였다. 그리고 이렇게 된

거 다 말씀드리자 싶어 그동안의 강박증세들을 말씀드렸다. 왜 그런 증상들이 시작됐는지에 대해서도 솔직히 말씀드렸다.

나는 중학교 1학년 중간에 전학을 가게 되었고 그 학교에서 처음에 친해진 애들한테 1~2주 만에 왕따를 당하게 되었다. 쉬는 시간에 큰 모니터 화면에 싸이월드 창이 떠 있고 "발다솜 어쩌고"하며 빨간 글씨로 제목이 쓰여있고 나쁜 글들이 도배된 화면을 그냥 봐야 하였다. 또한 그들이 나에게 너 오늘 머리 안 감았지? 안 씻었지? 같은 나를 매우 더러운 취급을 해서 내가 씻는 것에 집착이 생긴 것이다. 이때 나는 정말 너무 힘들어 죽을 것 같았다. 이걸 엄마한테 말할 수도 없고 하루하루가 지옥 같았다. 그 와중에도 착한 친구 몇 명이 함께 해줘서 그나마 버틸 수 있었다. 나는 정말 큰 결심을 하고 담임선생님께 이 사태에 대해 말씀드렸다. 하지만 담임선생님은 아무런 행동도 취하지 않으셨다. 너무 원망스러웠다. 빨리 학년이 바뀌고 저 아이들과 제발 다른 반이 되었으면 좋겠다고 다이어리에도 쓰며 누구든 들어달라고 얼마나 빌었는지 모른다. 가족이 볼까 봐 매일 적고 찢어버리고를 반복하였다. 그렇게 버티고 2학년이 되었는데 다행이다. 그들이 없다. 근데 친구도 없다. 하지만 일단 그들이 없다는 것에 기뻤고 좋은 친구를 사귀고 싶었다.

나는 그때 첫 친구를 사귀었던 그날의 기억이 난다. 체육시간이었다. 한 친구가 쭈그려 앉아 다른 학교 이름을 쓰고 있었다. 뭐지 이 친구도 전학생인가? 큰 용기를 내어 말을 걸었다. 알고 보니 그 친구는 2학년 때 전학을 온 것이었다. 그렇게 둘 다 전학생이라는 공통점으로, 급속도로 친해졌고 지금까지도 둘도 없는 친구이다. 그렇게 그 친구와 친해지고 다른 친구들과도 친해지면서 1학년 때 악몽 같았던 학교생활과는 반대로 나름대로 잘 적응하여 다니게 되었다. 그때 친해진 친구 2명은 지금 "화이다"라는 이름으로 반평생 이상을 함께 해오고 있다. 내 인생에 없어서는 안 될 가장 소중한 존재이다. 내 중학교 1학년 때 있었던 일을 다 알고 있고 누구보다 많이 화내주고 욕해주기도 하였다. 아무튼 중학교 1학년 왕따였던 사실은 나이를 먹어도 여전히 힘들고 아픈 사건이다.

그렇게 정신과에서 불안증과 우울증, 불면증 등 약물치료를 시작하였다. 정신과 선생님께서는 친절하시고 차분하게 공감도 잘해주셔서 모든 걸 솔직하게 털어놓고 말을 할 수 있게 해주신다. 약물치료의 효과인지 다른 것보다 손 씻는 시간이 다른 사람들까지도 왜 이렇게 빨라졌냐고 할 정도로 줄어들었고 설거지 시간도 확연히 줄어들었다. 진작 치료받을 걸 삶의 질이 달라졌다. 그리고 외출 안 하는 날 하루 정도는 샤워를 안 해보는 연습도 해보았다. 처음에는 너무 힘들었다. 하지만 계속 시도하고 치료받으면서 아무 곳도 안 나갈 때 하루쯤 안 씻기에 성공하였다. 별거 아닌 것 같지만 나에게는 정말 큰 발전이다.

이렇게 조금씩 고쳐나가지만 그래도 내 마음속에 상처는 여전히 크고 고쳐진 듯 고쳐지지 못한 불안 증세들과 우울증이 여전히 나를 괴롭히고 있다. 하지만 나는 여전히 열심히 병원에 다니며 치료 중이고 언젠가는 치료 종료날이 오기를 바라고 있다. 정신과 원장님께서는 "박 수아님 의지 강한 거 누구보다 잘 안다"라고 말씀하실 정도로 나는 병원에 열심히 다니면서 노력도 하고 있다. 의지대로 다 된다면 좋겠지만 의지 밖의 영역들은 병원의 도움을 받으며 헤쳐나가는 중이다. 지금은 약 없이 잠도 못 자고 생활도 못 하지만 언젠가는 진짜 내 모습을 찾을 수 있는 그날을 기다리고 있다.

정신병원 입원 권유

지난 10월 중순쯤 나는 갑자기 허리를 펴고 걷지 못하는 증상이 생겼다. 아예 거동이 힘들어서 119를 불렀고 신경외과로 향하였다. X-ray 상에서 허리를 숙일 때 벌어지는 부분이 있어서 신경을 건드린다고 하여 주사 치료를 받았다. 증상이 너무 심해서 주사 한 번으로 괜찮아질 거라고는 생각 안 했지만, 전혀 호전이 없었다. 어떻게 할지 고민하다가 원래 다니던 신경외과로 택시를 타고 이동하였다. 택시에서 내려서 제대로 못 걷고 있으니 요구르트 판매하시는 분께서 걱정하시며 병원 입구까지 부축해 주셨다. 너무 감사하였다. 검사상 원래 척추가 좀 동그랗게 휘어있어서 괜찮았는데 외부 충격이 있었는지 바짝 긴장하고 있어서 일자로 서버렸다고 하셨다. 외부 충격이 뭐가 있었지? 생각을 해봤는데 토요일에 택시를 탔는데 정말 갑자기 너무 빨리 출발하면서 옆으로 기울어 버렸던 기억이 났다. 사고가 나거나 했던 건 아니지만 그때 너무 놀랐었기 때문에 가장 합리적으로 의심이 되었다. 그날 병원에서 퇴원하고 기념으로 친구들과 소고기 배불리 먹고 신나게 장소 옮기던 때였다. 의심은 하였으나 증거는 없으니 달리 방법은 없었다.

다음날 너무 아파 제대로 잠도 못 자고 새벽 4시부터 깨어있었다. 역시나 여전히 제대로 걷기가 안 되어서 다시 병원으로 향하였다. 원장님께서 이 상태로는 주말도 못 버틸 것 같다며 주말 동안만 입원을 시켜주시겠다고 하셨다. 그렇게 또 한 번의 주사 치료를 받고 입원 생활을 시작하였다. 이때까지만 해도 주말이면 다 낫고 걸어 나가겠지, 하며 심각성을 몰랐다. 하지만 일요일까지도 제대로 걷는 게 안되었다. 허리를 펴니까 다리가 떨리면서 뒤로 넘어가 버리는 증상이 생겨버린 것이다. 이곳은 원래 통증 환자 입원이 잘 안되는 곳이라 무조건 월요일에 퇴원해야 했고 나는 여전히 심각했고 혼란스러웠다. 결국 나는 월요일에 퇴원 후 바로 택시를 타고 평택으로 향했다.

그래도 내가 주 병원으로 하며 다니는 곳이니 여기로 가야겠다는 생각이 들어서 멀리까지 왔다. 상태를 보신 후 바로 입원을 시켜주셨고 원장님께서는 걸어서 집에 갈 수 있게 해주겠다고 하셨다. 그렇게 다시 치료를 시작하였고 도수치료를 하는데도 온몸에 근육이 다 놀라서 경직되어 있어 지난번 전기 치료할 때만큼 움직임이 안 나온다고 하셨다. 허리를 펴면 그대로 넘어지고, 굽히고 일어서면 다리가 떨리고 세상이 날 억까하는 중인게 틀림없다. 매일 도수치료를 받고 워커를 끌고 다니며 걸음 연습도 하는데 의지대로 전혀 되지 않는다. 이미 내 의지대로였으면 뛰어다니고도 남았다. 근데 허리 하나 제대로 펴지도 못하고 워커 없이 다니지도 못하는 신세라니 날이 갈수록 마음만 급해졌다. 원장님께서는 회진 때마다 잘 이겨내고 있다고 시간이 해결해 줄 테니 조급하게 생각하지 말라고 하셨다. 원장님과 도수 선생님, 전담 간호사 선생님 세 분이 회의도 하셨으나 결론은 시간이었다고 한다. 선생님들께서 이렇게 노력해 주시는 게 정말 감사했고 내가 빨리 걸어서 나가는 모습을 보여드리고 싶기도 하였다. 그렇게 치료와 연습을 반복하며 나아질 날만 기다리고 있었는데 뜬금없이 열이 39도가 넘고 염증 수치도 이상하고 몸도 너무 아파서 이건 또 무슨 뭔데 어이가 없었다.

그 와중에 건강보험심사평가원에서 압박이 들어와 빨리 퇴원해야 한다고 하고 난리이다. 나는 지금 걷지도 못하고 갑자기 열도 나고 이 와중에 쫓겨나게 생겼고 진짜 이런 게 뭣 같은 상황이라고 하는 게 아닐까…. 왜 힘든 일은 한 번에 몰아서 오는 걸까? 좋은 일은 이렇게 몰려오지도 않으면서 이런 상황만 오는 게 심적으로 너무 힘들다. 일단 주치의 선생님께서 열은 무조건 내리고 가야 한다고 하여 당장 퇴원은 며칠 미뤄주셨고 다행히 항생제 치료가 잘 들어서 열은 해결이 되었다.

원무부장님께서 인천에 전원할 병원도 알아봐 주시겠다고 하셔서 한 군데를 가기로 정해졌고 그래도 다리 치료는 연결해서 받을 수 있겠구나 하고 아쉽지만, 다른 곳에서라도 치료를 받을 수 있으니 조금은 마음을 놓고 있었다. 그런데 입원하기로 한 병원에서 바로 전날에 입원이 불가하다고 연락이 왔다. 검사할 것도 여기서 다 했고 원하는 건 통증 치료랑 재활인 것 같은데 그건 외래로만 가능하다고 연락이 온 것이다. 당장 하루 전날인데 갑자기 이러는 법이 어딨지? 화가 너무 났다. 그럼, 처음부터 안 된다고 하던가 이제 와서 이런 식으로 나오면 나는 어떻게 하라는 건지 기가 찼다. 원무부장님과 엄마, 나 모두 다른 병원들도 알아는 봤으나 쉽지 않았고 결국 어디도 정해지지 못했고 걷지도 못하는 채로 퇴원하게 되었다.

주변에 인천에서 좀 큰 종합병원이 어딨는지 물어보았고 괜찮아 보이는 곳이 있어서 우선 그 병원으로 향하였다. 처음 가보는 곳이었고 진료를 본 뒤 또다시 바로 입원 치료를 시작하였다. 근데 분명 외래 있는 곳은 되게 지은 지 얼마 안 된 것처럼 보였는데 입원실이 오래된 듯하였다. 가장 충격적인 건 샤워실이 내가 입원한 층에는 없고 한 층 위에 있고 홀수 짝숫날에 따라 남녀 샤워하는 날이 정해져 있었다. 와 이런 곳은 또 처음 본다. 일단 치료에만 집중하자 생각하고 버티려는데 여기서는 도수치료도 안 하고 물리치료만 받으라고 하였다. 여태 다른 치료들로도 못 고쳤는데 물리치료만 하라니 여기서 나 치료 가능한 걸까 괜히 의심이 들었다. 그런 와중에 대각선 앞에 계신 할머니가 자꾸 기계를 빼려고 하시는지 그걸로 간호사 선생님과 계속 언쟁이 있다가 결국 팔을 묶이게 되셨고 나는 그걸 보고 큰 충격을 받았다. 보호자 동의하에 어쩔 수 없이 그렇게 된 건 알겠는데 내 마음이 너무 안 좋았다. 이대로는 못 살 것 같아서 4일 만에 퇴원을 해버렸다. 이제는 너무 지쳐서 심적으로도 미치게 힘들었다. 나는 그냥 제대로 걷는 것 그거 하나만 바라고 있는데 이게 뭐라고 이렇게 고치기가 힘든 건지 모르겠다.

또 갈 길을 잃은 나는 병원을 다시 찾아야 했고 결국 맨 처음 구급차를 타고 갔던 병원에 약 한 달 만에 다시 갔다. 다행히 당일 입원을 시켜줘서 바로 통증 조절과 다리 치료를 받기로 하였다. 한 달 동안 나아진 건 없었다. 이러다 제대로 걸을 때 사용되는 근육이 빠져서 더 못 걷게 되면 어쩌냐고 하는 걱정도 되고 걷는 법을 몸이 잊어버릴까 봐 걱정도 되었다. 2주 동안 입원 치료를 받았지만, 여전히 제자리걸음이었다. 중간에 대학병원 외진도 다녀왔으나 신경외과, 마취통증의학과 모두 원인을 모르겠다고 했고 신경과를 가보라고 하였으나 이미 뇌 MRI, 근전도 검사 등 다 정상이었다. 결국 나는 그 아무도 모른다고 하는 이 상황에 답답함을 느끼고 결국 집으로 향하였다. 집에서 일상생활 하면서 지내면 좀 나으려나 했지만 개뿔 차도가 전혀 없다.

혹시 정신과 약이나 그쪽으로도 확인을 해보라는 말을 들었는데 나는 그건 전혀 연관이 없다고 생각했으나 일단 정신과 진료 가는 날에 가서 원장님께 상황을 말씀드렸다. 원장님께서는 다른 과들이 다 정상이라고 하고 이상이 없으니 '신체화' 문제일 수도 있다며 신체화 치료를 위해 정신병원 입원을 이야기하셨다. 나는 내가 지금 뭘 들은 거지 싶어 어느 과에 입원하라고요? 라고 재차 물었다. 원장님께서 병원도 한 군데 추천해 주셨다. 여성병동이 따로 있는 곳이고 나 같은 경우에는 개방병동으로 가면 된다고 하셨다. 내가 의지가 강한 것을 누구보다 잘 아신다고 그러니 방향만 잘 찾으면 될 것 같다고 하셨지만, 마음이 너무 심란하였다. 내가 정신과 진료를 보는 건 당당하지만 정신병원 입원은 다른 얘기다.

내 개인적인 생각으로 정신병원은 정말 정신적으로 힘들어서 행동을 보이는 사람들이 가는 곳이라는 편견 아닌

편견을 가지고 있는 곳인데 나보고 거기에 가라니? 내가 왜? 라는 생각이 들었다. 내가 최근에 봤던 "정신병동에도 아침이 와요."라는 드라마가 생각이 났다. 그 드라마를 보면서 많이 울기도 했는데 다시 장면들이 떠오르면서 나 자신 없는데 어떡하지 정말 많이 고민하였다. 그리고 내가 큰마음 먹고 간다고 쳐도 그 병원비는 실비도 안 되는데 부모님께 부담드리는 것도 걱정이 되었다. 정신병원 입원이라는 건 아예 내 생각의 범주에 없던 단어라서 너무 낯설었고 두려웠다. 내가 정신과 진료를 보는 건 친한 친구들은 다 알지만, 막상 정신병원에 가야 한다고 하면 혹시나 친구들이 나를 안 좋게 생각하지는 않을까? 하는 걱정도 있었다. 오만가지의 생각이 다 들었다.

나는 여러 SNS를 하고 있는데 하나의 SNS에는 실제 친구들보다 온라인상 팔로워들이 더 많은 곳이라 나의 감정들을 기록하는 공간이 있다. 그곳에 정신병원 입원 권유를 받았고 내 심정은 어떻고 이런 글을 하나 올렸다. 댓글들이 달렸는데 의외로 입원해 본 분들이 계셨고 위로의 글들이 올라와서 울컥하였다. 그중 한 분이 국립정신건강센터라고 나라에서 하는 곳이라 시설도 괜찮고 비용도 다른 병원보다 적게 든다며 추천을 해주셨다. 그 댓글을 보고 바로 검색해 보았고 그래도 나라에서 하는 곳이니 안전함은 보장되지 않을까 싶어 큰마음 먹고 전화를 걸었고 예약이 한참 밀려있는데 다행히 딱 한자리 취소 자리가 났다고 하여 바로 예약을 잡았다. 예약 날이 되었고 나는 긴장되는 마음으로 병원으로 향하였다. 입구부터 매우 컸고 외래 시설도 깔끔해서 일단 다행이다 싶었다. 긴장 속에서 진료를 보았고 꽤 오랜 시간 상담을 하였다. 그러나 지금 내 상태가 섬유근육통도 있고 신체화 문제라서 단과인 이 병원에서 어디까지 해 줄 수 있을지 엄청나게 생각하셨다. 대학병원으로 가서 협진으로 다른 과랑 같이 해나가는 게 맞는 상황인 거 같은데 지금 의료진 문제로 갈 수가 없으니 답답한 상황이었다. 선생님께서는 입원하게 된다면 개방병동으로 가면 될 것 같다고 하셨는데 지금 상태가 입원을 시켜도 치료 결과가 잘 나올지 고민이고 입원을 안 시키는 것도 안 될 것 같다며 고민의 고민을 하셨다. 결국 그동안의 진료 기록을 최대한 다 가져오면 그걸 보고 결정하시겠다고 하셨다. 내가 생각했던 것보다 다리 못 걷는 문제가 더 심각한 것 같다. 혹시나 해 여러 대학병원에 전화를 돌려봤는데 역시나 신규환자는 안 받는다는 답변만이 들려왔다. 하 의료진 부족으로 치료도 제대로 못 받는 2024년 이거 맞는 건가 싶다. 내 마지막 희망은 원래 다니던 대학병원 통증 클리닉뿐이다. 교수님께 지금 상태를 말씀드리고 조언을 구할 생각이었다. 다행히 한참 전에 예약을 미리 잡아 둬서 정신센터 가기 전날에 진료를 볼 수 있었다.

병원에 도착해서 진료를 기다리고 있었는데 또 일이 났다. 갑자기 이명이 세게 오면서 통증이 몰려오고 어지러우면서 자꾸 눈이 감기고 쓰러지려고 하는 것이었다. 너무 무서워서 간호사 선생님을 부르는데 목소리도 제대로 안 나와서 앞에 환자분께 부탁드렸다. 다행히 간호사 선생님께서 오셨고 계속 잠들지 못하게 깨우셨다. 바로 치료실로 옮겨갔고 산소호흡기를 하고 수액을 맞고 한참 뒤에 정신을 차렸다. 교수님께서는 잠깐 쇼크가 온 것 같다고 하셨다. 이런 상태는 또 처음이라 무섭기도 하고 어이없고 짜증도 났다. 다리 하나만으로도 지금 힘들어 죽겠는데 쇼크 증상은 왜 나타난 건지 알 수도 없다. 일단 정신을 차린 후 교수님께 정신과 진료의뢰서를 보여드리고 다리가 떨려서 제대로 걷는 게 안되는 모습을 보여드렸다. 교수님께서는 다행히 우리 병원에서 치료를 받을 수 있게 해주시겠다고 하셨고 바로 정신과에 연락했으나 그쪽도 인력 부족으로 신규 환자를 당장 받을 수 없다고 하였다. 결국은 교수님께서 통증클리닉으로 입원 후에 정신과 협진을 볼 수 있게 해주시겠다고 하셨다. 진짜 너무너무 감사했다. 일단 대학병원에서 치료를 받을 수 있다는 것만으로도 나에겐 희망이 조금은 생긴 것이기 때문이다. 물론 이쪽도 입원이 힘들어 거의 한 달은 기다려야 입원할 수 있었지만 일단 그렇게라도 하기로 결정하였다. 그리고 어쨌든 정신병원 입원이 아니었기 때문에 더 좋았던 것도 있다. 통증클리닉과 정신과 그리고 재활의학과 같이 치료를 받으면 더 빨리 좋아지지 않을까 하는 긍정적인 생각도 들었다.

그렇게 익숙한 대학병원 5층 병동에 입원하게 되었다. 정신과 협진이 되었고 정신과 선생님께서 병실로 오셔서 상담하였는데 이 병원 정신과 병동은 폐쇄병동밖에 없다고 하셨다. 폐쇄병동은 휴대전화 포함 전자기기 반입이 금지되고 그 외에도 안되는 것들이 많았다. 폐쇄병동은 정말 심각한 문제를 일으키는 사람들이 가는 곳으로 알고 있었는데 내가 거기에 가는 게 말이 되는 걸까? 그곳에서 과연 내가 제정신으로 버틸 수 있을까? 내가 가지고 있는 폐쇄병동 이미지는 다들 좀비처럼 걸어 다니고 할 일 없어서 탁구를 많이 치고 잠만 자고 이런 느낌이었기 때문에 절대 갈 수 없다고 생각하였다. 그 뒤로 통증 교수님과 면담하였는데 다른 통증 환자분이 정신과 병동에 입원한 적이 있어서 가보셨는데 어둡고 그런 분위기 아니고 생각보다 환하고 오히려 한 병실에 입원 환자들이 많지 않아서 더 쾌적할 거라고 그리고 나는 자의 입원이기 때문에 가서 도저히 못 있겠다 싶으면 바로 나와도 되니 우선 가보는 게 어떻겠냐고 말씀하셨다. 두어 번 교수님께 여러 얘기들을 들으니 또 팔랑귀라 조금 마음이 열렸다.

휴대전화 못 쓰면 그래 가서 노트에 글이나 많이 쓰고 나오면 되고 빨리 그곳에서 나오고 싶어서 오히려 더 빨리 회복이 될 수도 있지 않을까? 하는 생각도 들었다. 일단 다리 회복이 급선무이니 이것만 생각하고 가보자 대신 재빠르게 나오자 이렇게 마음을 다잡으며 폐쇄병동 입원을 하기로 결심하였다. 당장에 치료 선택지가 그것뿐이니 내가 마음을 다잡는 것밖에는 할 수 있는 일이 없었기 때문에 하루라도 빨리 치료를 받고 오자 생각하였다. 그리고 며칠 뒤 또 다른 정신과 선생님이 오셨다. 그런데 이번에 온 선생님은 또 폐쇄병동 안 가고 치료하는 후보지도 가지고 오셨다. 여기 병동에 그대로 있으면서 대신 진통제 같은 것들을 자의적으로 노력해서 끊고 심리상담과 정신과 치료를 받는 방법이 있다고 하셨다. 이건 당연히 고민할 것도 없이 병동 유지를 선택하였다. 통증치료 참으면 되지 지금 폐쇄병동을 안 갈 수 있는 기회가 생겼는데 그게 문제가 아니었다. 마음이 너무 후련했다.

솔직히 가겠다고 마음은 먹었어도 많이 쫄렸고 무서웠는데 진작에 이런 기회를 주시지 싶었지만, 이제라도 이렇게 안 갈 수 있게 되어서 정말 좋았다. 또 하나 문제는 폐쇄병동에 가면 재활치료도 못 받는데 이제 재활치료 협진도 가능해졌다는 것이다. 통증 교수님께 말씀드리고 재활치료 협진까지 받게 되어 3개 과 동시에 치료를 받을 수 있게 되었다. 이제 신체화 약 먹고 재활 치료받으면서 근력 운동하고 하면 곧 제대로 걸을 수 있겠다고 하며 혼자 희망 회로를 막 돌렸다.

그러던 중 정신과 교수님이 배정되어서 1차 면담을 하게 되었다. 신체화라는 게 섬유근육통처럼 다 이상이 없는데 이런 이상 증세가 나타나는 것이고 신체화 약이라는 게 딱 있는 게 아니라 면담하면서 지금처럼 우울증약 같은 것들의 용량을 늘리거나 다른 약을 써보거나 하는 거라 기간이 꽤 걸린다고 하셨다. 나는 지금까지 신체화 약이 있는 줄 알았다. 그래서 그 약만 잘 들으면 나을 수 있다고 믿고 있었다. 그런데 그게 아니라니… 심지어 기간도 길게 봐야 한다니 이건 무슨 날벼락인가 싶다. 자꾸 모든 게 내 예상을 벗어난다. 자꾸 내 생각의 범주를 넘어서는 말들만 들린다. 심리 검사를 하였고 정신과 교수님도 배정되었겠다. 이제 신체화 약 받고 재활치료로 근력운동

좀 하고 이번 달 안에 다 끝나겠다고 생각했는데 내 모든 생각이 다 틀렸다. 어떻게 이럴 수가 있는 건지 누가 내 멘탈 좀 잡아줬으면 좋겠다. 엄청난 좌절감을 느끼며 희망이 다 깨져버렸다. 내가 백날 희망 회로 돌리면 뭐 해 이렇게 다 박살이 나버리는데 진짜 너무 한 거 같다. 정신과 교수님 상담 이후 며칠이 지났지만 나는 여전히 긍정 회로, 희망 회로 따위 되돌아오지 못하고 있다. 끝이 보이지 않는 싸움은 섬유근육통 하나만으로도 아주 벅차고 힘든데 이런 비슷한 시련을 또 주다니 내가 지금 희망이 없을 수밖에 없다. 마음이 생각보다 많이 다쳤는지 무기력함도 생겨 낮잠을 자꾸 자게 된다.

하루는 사지 경련까지 왔다. 바로 처치실로 실려 가서 처치 받고 2~3시간 만에 돌아왔다. 근데 이게 또 일반적인 경기와는 다르다고 하였다. 뇌파 검사도 이상이 없고 이 또한 심리적인 문제가 아닌가 하셨다. 근데 나는 정말 이해가 안 가는 게 내가 내 몸한테 "너 제대로 걷지 마!", "너 오늘 경련 일으켜" 뭐 내가 시키는 것도 아닌데 왜 자꾸 모든 게 다 심리적인 문제로 가는 건지 솔직히 전혀 이해가 안 간다. 내가 특별히 더 심하게 스트레스받은 일도 딱히 없고 굳이 있다면 5월에 갑작스러운 골절 수술과 8월에 고민 끝에 진행한 허리디스크 수술뿐인데 수술도 잘 됐고 나는 너무 만족스럽게 생각하고 있는데 뭐가 문제인지 모르겠다. 내가 내 생각보다 몸과 마음이 더 힘들었나 보다. 요즘 괜찮은 척 억지로 희망을 끌어 올리지만 억텐이나 마찬가지다. 자꾸 풀이 꺾인다. 그 와중에 재활 치료는 누구보다 열심히 간다. 의지로 어떻게든 해보겠다는 마음이 그래도 아직 남아있긴 한가보다. 마음이 오락가락한 거다. 없는 희망 속에 희망을 찾아보겠다고 애쓰는 나와 자꾸 꺾이려는 내가 싸우고 있다. 이렇게 싸우다 보면 희망 회로가 이기는 날이 또 오겠지, 하며 내 자신을 믿어본다. 그것밖에는 내가 할 수 있는 게 없다.

LG유플러스 와이낫 부스터스 2기

나는 섬유근육통으로 일을 못 하면서 내가 뭘 할 수 있느냐는 생각을 계속해 왔다. 이렇게 아무것도 못 하고 의미 없이 시간을 보내는 게 너무나 아깝고 슬펐다. 그래서 SNS를 공부하기 시작하였다. 공동구매 강의도 듣고 영상편집 강의도 듣는 등 온라인으로 할 수 있는 것들을 찾기 시작하였다. 그렇게 SNS 공동구매 강의를 들으며 미션도 하고 실제 공동구매도 진행하면서 홍보 영상을 올리기 위해 영상 편집도 해가면서 서툴지만 계속해서 진행해 왔다. 그러면서 내가 빅사이즈니까 나와 비슷한 사람들과 옷을 공유하자 싶어 빅사이즈 쇼핑몰을 오픈하고 77사이즈 ootd라면서 패션 영상도 올리는 등 점점 SNS와 가까워졌다. 물론 다 서툴고 남다른 기술은 없었지만 내가 올리고 사람들에게 반응이 오는 게 신기하고 좋았다. 그렇게 영상에 많은 관심을 가지면서 다른 분들 영상도 보면서 참고하고 있었는데 그때 자주 보던 리뷰 영상 올리시는 분께서 와이낫 부스터스 2기를 모집한다는 홍보 영상을 올리셨다.

LG유플러스와 관련된 미션을 주면 내가 직접 기획하여 영상을 올리고 유명한 크리에이터의 강의도 들을 수 있는, 심지어 영상마다 미션 비도 지급이 되는 영상 크리에이터를 모집하는 서포터즈이다. 완전 나를 위한 서포터즈

잖아! 라는 생각에 바로 사이트에 들어갔고 지원하였다. 사실 큰 서포터즈라서 나 같은 쪼랩은 안되겠지 라는 생각이 있었지만 일단 신청은 할 수 있잖냐 라는 생각에 지원했는데 세상에 결과 발표날에 최종 합격 문자가 왔다. 뭐야 나 이제 영상 크리에이터 되는 건가, 합격 문자만으로도 세상에 한 발짝 나아간 것 같아서 너무나 기뻤다.

첫 번째 미션을 받았고 이런 영상 기획은 처음이라 두근거리는 마음으로 고민하여 기획하고 대본을 써 내려가기 시작하였다. 나는 화려한 영상 편집 기술이 없으니 친숙하고 일상과 관련하여 미션을 수행하기로 하였다. 첫 미션은 아직도 가장 크게 기억에 남는다. 친구들과 호캉스 중에 새벽에 영상을 촬영했었다. 얼굴은 나만 나오고 친구들은 목소리와 손까지 나오는 영상으로 합의를 봤다. 그렇게 보드게임을 하는 중에 고객센터를 소개하는 영상을 찍었는데 우리끼리 발 연기에 웃으면서 재미있게 촬영한 기억이 난다. 촬영한 영상에서 필요한 부분만 남기고 자막 입히고 편집하는데 새롭고 재미있었다. 이렇게 올린 영상이 미션 TOP 20인에 들어서 유플러스에서 SNS 광고를 돌려줘서 유일하게 조회수가 10만이 넘는 영상이 되었다. 첫 미션에 이런 좋은 기회를 얻다니 앞으로의 미션을 할 원동력이 더욱 커졌다. 미션을 할 때면 혼자 힘으로는 부족해 주변에 도움을 요청했는데 모두 흔쾌히 응해 주어서 정말 고맙다. 덕분에 모든 미션에 성공할 수 있었다. 물론 중간에 입원 생활로 병원에서 찍거나 편집할 때도 있었지만 매번 병원에서 할 수 있는 게 없어 괴로웠던 나는 이렇게라도 할 수 있는 게 있으니 살아있는 것 같고 좋았다. 가장 아쉬운 점은 오프라인 행사에 많이 참여를 못 한 것이다. 유명한 크리에이터분들의 강의를 들으러 가지 못하였다. 오프라인에 가서 다른 부스터스 분들도 많이 뵙고 친하게 지냈으면 좋았을 텐데 행사가 거의 서울에서 진행되다 보니 거기까지 갈 몸 상태가 안되는 나는 매번 좌절했었다. 나는 언제쯤 자유롭게 여기저기 다닐 수 있는가에 대해 또 생각하게 되면서 이렇게 된 몸에 자꾸 화도 났다가 혼자 자신을 타일렀다가 많은 생각들이 들었다.

그러던 중 내가 절대 놓칠 수 없는 오프라인 행사가 열렸다. 바로 메타 코리아 방문이었다. 세상에 메타 코리아 방문이라니 이건 절대 못 참지. 무조건 어떻게든 가야 해. 라는 생각으로 신청했고 이것마저 못 가면 나는 진짜 너무 불행할 것 같다는 생각이 들 정도로 가고 싶었다. 사실 아일랜드에서도 페이스북 본사 가는 게 목표였고 페이스북 앞에서 사진 찍고 돌아왔던 기억이 있다. 그런데 메타 코리아 본사에 방문해서 강의까지 듣는 행사라니 무조건이지. 그렇게 행사 날이 왔고 나는 약을 단단히 먹고 서울을 향해 출발하였다. 오늘은 절대 아프면 안 돼 몸에 긴장을 늦추지 않고 방문하였다. 오프라인에서 부스터스 다른 분들 만나는 것도 처음이라 너무나 긴장되고 떨렸다. 나만 혼자 외톨이처럼 있으면 어쩌지 하는 걱정도 한편으로는 있었는데 다행히도 친절한 부스터스분들께서 먼저 영상으로 봤다며 인사도 해주시고 서로 사진과 영상도 찍어주고 다들 너무 친절하고 빛나는 모습에 내가 여기에 함께 있다는 사실이 뿌듯하였다. 항상 집에 혼자 있다가 다양한 분들을 만나니까 살아있는 느낌도 들고 너무 좋았다. SNS 영상에서만 보던 분들이 내 눈앞에 있다니 심지어 나랑 대화도 나누다니 영광이었다. 그렇게 메타 코리아 행사는 사진과 영상 촬영을 할 수 있는 시간이 주어졌고 강의도 들을 수 있는 만족도 100%였다.

뒤풀이로 몇몇 부스터스 분들과 저녁 식사 자리도 함께하였다. 사실 이제야 말할 수 있지만 나는 쌀국수를 잘 못 먹는다. 하지만 인원이 많이 갈 수 있는 곳이 쌀국수 가게였고 나는 이분들과 함께하고 싶었기에 열심히 쌀국수를 먹었다. 오프라인 행사에 오니 이렇게 좋은데 참석할 수 있는 내 몸에 한계가 있는 게 너무나 아쉬웠다.

그렇게 내적 친밀감을 쌓고 또 열심히 미션을 수행하면서 SNS와 친하게 지냈다. 미션을 할수록 영상에 욕심이 생겼고 쇼핑몰 홍보 영상, 빅사이즈 ootd, 공구 홍보영상 등 다양하게 만들어 올렸다. 물론 초보자의 티를 벗지는 못했지만, 집에서 꼬물꼬물 뭐라도 한다는 것에 의미를 두기로 했다. 그래도 꼬물꼬물하다 보니 다양하게 협찬품도 받을 수 있게 되었고 여러 제안도 받을 수 있게 되었다. 그래도 내가 지금 크리에이터가 되기 위해 나아가고 있는지를 느끼게 해주는 결과들이었다. 그렇게 120여 일 동안 부스터스로서 활동하면서 대단하신 분들 사이에 껴서 새로운 경험과 다양한 것들을 배울 수 있는 시간이었다.

활동 마무리로 네트워킹 파티가 열렸는데 이 또한 서울에서 열렸다. 나는 이 행사에 꼭 가고 싶었기에 참석하였다. 다행히 힘들게 가는 루틴이 아니었기에 가능하였다. 지난번 오프라인 행사에서 만난 부스터스 분들과 함께 점심을 미리 먹고 행사장으로 향하였다. 역시나 부스터스 행사만 오면 너무나 신기하고 멋진 분들은 다들 모였구나 싶은 생각이 든다. 드레스 코드가 마젠타 핑크였는데 와우 다들 어쩜 이렇게 멋지게들 입었는지 역시 다르다. 나 여기 어떻게 합격했지? 이런 의문을 품게 된다.

LG유플러스에서 준비해 준 케이터링 서비스와 신나는 이벤트들 장기자랑 등을 보면서 행사를 즐겼다.

카테고리별로 정해진 자리에 앉았는데 같이 앉은 분들과 대화도 나눌 수 있었고 혼자 낙오는 되지 않기 위해 E의 기운을 끌어올렸다. 모든 분이 멋있어서 반가움을 전하고 싶은 마음이 컸기 때문이다. 그리고 이 파티에 나를 부스터스 2기 신청을 할 수 있게 만들어 주신 분이 오신 거다. 내 근처에 계셨는데 영상 잘 보고 있다고 말씀드리고 덕분에 부스터스가 되었다고 감사 인사를 드리고 싶어서 엄청나게 고민하다가 지금 아니면 기회가 없을 거라는 생각을 가지고 그 분께 다가갔다. 인사를 나누고 덕분에 부스터스가 될 수 있었다며 감사하다고 잘 보고 있다고 말씀을 드렸더니 놀라시며 얘기를 잠깐 나누고 헤어졌다. 아 사진이라도 함께 찍을 걸 너무 아쉽다. 그리고 장기자랑에 나오신 분이 가수셨는데 노래를 너무 잘 부르셔서 그 노래에 꽂혀버렸다. 이왕 한 번 용기 낸 거 한 번 더 용기 내서 그 가수분께 노래 너무 잘 부르셨다고 노래 너무 좋다고 말씀드리고 바로 유튜브 뮤직에 추가해서 반복 재생을 엄청나게 하였다. 아이를 키우면서 영상도 꾸준히 올리시는 맘 크리에이터분들의 열정에 기운 받고 각자 다른 직업이 있는데 영상까지 만드시는 분들께도 열정 받고 여기저기서 많은 열정을 얻고 왔다. 인스타그램으로 아픈 것 봤다며 걱정해 주신 분들께도 너무나 감사하였다. 이날 행사 후 뒤풀이도 있었는데 허리가 안 좋아서 뒤풀이는 참석 못 하고 집으로 향했는데 너무 아쉽다. 허리야 힘 좀 내지 그랬냐, 눈치가 없다. 그래도 행사 끝날 때까지 버텨줬으니 고맙다고 해야겠지.

정식 미션은 3기로 넘어갔지만, 특별미션으로 부스터스 활동을 계속해서 할 수 있는 형태의 서포터즈라 너무 좋다. 사실 2024년에는 집보다 병원에 더 오래 있어서 부스터스 활동을 한 번도 못 한 게 너무 속상하다. 내년에는 오는 기회를 다 잡아서 열심히 크리에이터로서의 모습을 보여줄 수 있도록 열심히 연구해 나갈 것이다.
나를 세상으로 꺼내 준 부스터스 활동에 너무 감사하다.

그리고 정말 신기한 인연은 지금 나의 글쓰기 선생님도 바로 여기 부스터스에서 만났다. 글쓰기에 관심이 있던 나는 브런치에 글을 연재 중이었고 그때 부스터스분 중에 글쓰기 수업을 진행하는 스토리를 보게 되었다. 그렇게 DM으로 연락드리고 이렇게 글쓰기 선생님과 제자가 되었다. 영상 크리에이터 모임에서 글쓰기까지 함께하게 된다니 너무 신기하고 소중한 인연이다. 정말 내 인생을 많이 바꿔준 활동이다.

재생 버튼 클릭

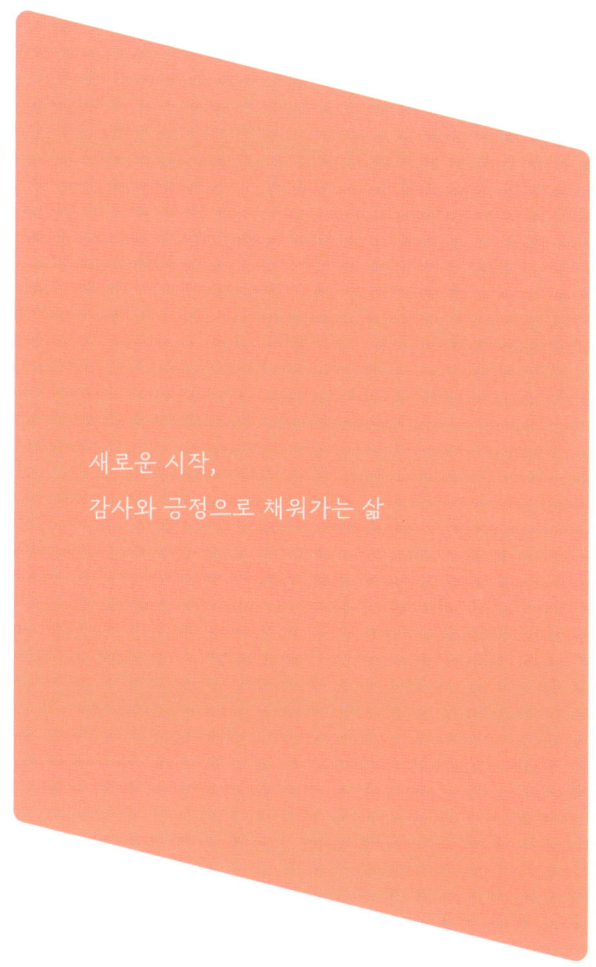

새로운 시작,
감사와 긍정으로 채워가는 삶

▌ 가진 약을 빼앗기고 미쳐 있을 때
　나를 살려준 엄마

한 번은 엄마와 함께 병원에 입원한 적이 있다. 나는 통증 치료를 받고 엄마는 목디스크 수술을 위해 입원하였다. 같은 원장님, 같은 병실을 쓰게 되었다. 이때 신경외과 원장님께서는 내가 복용 중인 모든 약과 펜타닐 패치까지 모두 빼앗아 가셨다. 약을 끊게 만드는 게 목표였다. 일주일만 힘들고 그것만 버티면 된다고 하시며 정신과 약까지 다 빼앗겼다. 맨날 먹던 약을 다 빼앗기니 뭔가 허전하고 가능할지 걱정이 많이 되었다. 약 끊은 부작용은 생각보다 심각하였다. 24시간도 되지 않아 증상이 하나둘 생겨나기 시작하였다. 일단 정신과 약을 못 먹으니 잠을 자지 못하였다. 또한 그동안 약 때문에 둔감해졌던 감각이 살아나기 시작하였다. 신기한 게 발톱을 뽑은 지 좀 되었는데 그 부분에서도 이상한 느낌이 들었다. 온몸에 막 벌레가 기어다니는 느낌이 나고 머리카락만 스쳐도 온몸에 소름이 돋을 정도로 몸에 느낌이 너무 이상하였다. 정말 100번 양보해서 통증은 어쩔 수 없다고 쳐도 감각이 정말 너무 예민해져서 손가락만 만져도 소름이 끼치고 밥알이 입에서 다 느껴지는 느낌이라 밥을 먹는 것도 힘들었다.

이때부터 정신이 미쳐버릴 것 같았다. 나는 그동안 얼마나 감각을 잃고 살았길래 지금 이런 느낌들이 살아나는 건지 내가 불쌍하기도 하였다. 아무리 긍정 회로를 막 돌려도 제자리다. 절대로 정신이 차려지지 않는다. 솔직히 1초마다 욕이 나올 정도로 통증도 심하였다. 몸 온도는 초 단위 분 단위로 미친 듯이 추웠다가 미친 듯이 땀났다가 난리가 아니다. 정말 이러다가 나 일내는 거 아니야? 싶었지만 앞에 같이 환자로 누워있는 엄마의 위로를 받으며 정신을 가다듬고 있었다. 원장님께 너무 힘들다고 몸 온도가 너무 심하게 바뀐다고 하니 다 약에 찌들어서 그런 거라고 하셨다. 하필 주말에 이 감각 이상이 정점을 찍었고 나는 간호사 선생님께 감각 때문에 미칠 것 같다고 말씀드렸는데 더 지켜보자고 하셨다는 말만이 돌아왔다. 도수 치료 중 전기치료를 했는데 중간에 도망칠 정도로 감각의 느낌이 너무나 이상하였다.

정신이 반 정도 미쳤다고 해도 과언이 아니다. 수술하고 회복 중인 엄마 앞에서 징징거리는 나 자신도 너무 짜증났지만 그만큼 너무 힘들었다. 지금 일주일 개고생한다고 평생 약 끊을 수 있다는 보장이 있는지부터 의문이 생기니 도무지 지금, 이 상황이 이해되지 않았다. 사실 너무 힘드니까 이해하고 싶지도 않았다. 당장 택시 불러서 도망가고 싶었다. 약이라도 훔치고 싶은 심정이라 간호사 선생님께 저 약 좀 훔쳐도 되나요? 이런 터무니 없는 말까지 했다. 그만큼 정말 미쳐버린 거다. 엄마가 같이 편의점이라도 가자고 데리고 나가주고 달래주셨다. 지금 수술한 지 하루밖에 안 된 엄마를 내가 간병해도 모자랄 판에 나 때문에 마음 편히 쉬지도 못하는 엄마에게 정말 죄송하였다. 하지만 내가 지금 기댈 곳은 엄마뿐이었다. 엄마가 없었으면 지금의 내가 있었을까? 라는 생각이 들 정도로 내 정신은 심각하게 불안하고 힘들었다. 자꾸 죽고 싶은 생각이 머릿속에 들어왔다. 이렇게 사느니 죽는 게 낫겠다 싶었다. 새벽에는 귀가 막 터질 것처럼 심한 통증에 귀가 안 들려서 이대로 귀도 안 들리는 거 아닌가 하고 너무 무서웠다.

나쁜 생각이 들 때마다 앞에서 회복 중인 엄마를 보면서 죽고 싶은 생각에서 벗어나기 위해 애썼다. 내가 진짜 월요일만 돼봐라. 당장 퇴원해서 집에 갈 테다. 엄마에게도 나 내일 무조건 퇴원할 거라고 외쳤다. 그렇게 아침 회진만 기다렸는데 원장님께서 흉추에 괴사가 심하다고 이따 외래에 오라고 하셨다. 응? 이건 또 무슨 소리야 나 집에 가야 하는데. 말도 못 꺼냈다. 그렇게 외래에 내려갔더니 흉추에 괴사가 심해서 인공 뼈 넣는 수술을 해야 한다고 하셨다. 당장 오늘 오후에 수술을 해주신다고 하셨다. 어안이 벙벙해서 멍한 상태로 수술동의서에 사인을 하고 선결제해야 할 게 있어서 결제하러 갔다. 근데 이때 마침 카드 하나는 한도 초과라고 나오고 다른 카드는 갑자기 삼성페이가 되지 않았다. 병실에서 카드 가져올게요. 하고 나오는데 숨이 턱턱 막히고 턱까지 덜덜거리면서 떨렸다.

와 나 이 상태로 수술까지 했다가는 진짜로 죽을지도 모르겠다는 생각이 들었다. 다시 외래 진료실에 가서 수술 안 하겠다고 오늘 퇴원시켜달라고 진짜 미칠 것 같다고 사정을 하였다. 원장님께서는 안정제를 주시겠다고 하셨다. 그러고 또 나왔는데 이건 안정제로도 안 되겠다 싶어 계속 병실에 안 올라가고 원장님만 3번 만나고 자의 퇴원서 싸인 후에 퇴원할 수 있게 되었다. 엄마도 처음에는 흉추 수술을 하고 갔으면 해서 설득을 하려고 했는데 턱까지 덜덜거리고 얼굴부터 발끝까지 경련도 심하고 정신 못 차리는 나를 보더니 일단 정신 차리는 게 먼저일 것 같다고 그냥 집에 가라고 안 되겠다고 허락해 주었다.

당장 택시를 타고 서울에서 인천까지 달려왔다. 집에 오자마자 신경안정제를 먹고 한숨 자고 일어났더니 와 살겠다. 몸은 아프지만 일단 정신이 좀 안정을 찾은 것 같다. 집이 주는 편안함과 정신과 약만으로도 일단 정신을 차릴 수 있었을 텐데 왜 그것까지 다 빼앗아 갔는지 원장님 마음도 이해는 됐지만 당장 내가 힘드니 밉기도 하였다. 그리고 내가 퇴원했으니, 엄마가 조금 더 편안하게 회복하고 오길 바랐다. 그동안 엄마 회복도 힘든데 괜히 나 때문에 본인 회복엔 힘쓰지도 못하고 나 달래느라 바빴던 모습에 너무 죄송하였다. 그렇지만 엄마가 있어서 내가 있을 수 있었다. 그 정도로 나는 미쳐 있었고 내가 무슨 짓을 할지 나 자신도 무서울 정도였으니 말이다. 몸도 마음도 너무 힘들었던 3일이었다.

누나 자격 박탈

나는 4살 차이 나는 남동생이 한 명 있다. 얘도 이제 어른인데 내 눈에는 항상 어린애 같고 걱정되고 그런 존재이다. 나는 장녀이고 집이 돌아가는 상황을 엄마에게 들어 많이 알고 있었지만, 사실 동생은 잘 모르는 것들도 많다. 굳이 동생한테까지 얘기해서 신경 쓰이게 하고 싶지 않았다. 그러나 내가 아프게 되면서 수익이 없어지고 내 생활비와 병원비 등 나 때문에 부모님이 금전적으로 힘들어지셨다. 초반에 내가 아프기 시작하고 긴 터널이 시작될 때 엄마와 동생이 대화를 나누다가 동생이 누나 불쌍하다고 울었다는 얘기를 들었다. 사실 동생이 나한테 큰 관심이 없는 줄 알았는데 그래도 신경 쓰고 있구나 싶었다. 그리고 회사에 다니면서 누나 병원비에 보태라고 엄마에게 도움을 줬다는 얘기엔 감동하였다. 내가 일할 때 학교 다니던 동생이 전화해서 용돈 달라고 했던 때가 있었는데 이제는 얘가 나를 도와주는구나 싶었다.
그 뒤로도 가끔 내 용돈도 챙겨주고 배달 음식도 시켜주고 자주 도움을 주고 있다. 연차를 쓰거나 주말에 내 입퇴원도 도와준다.

한 번은 병원에서 코로나 위험으로 지하에 있는 빵집조차 못 가게 한 적이 있다. 나는 사다 줄 보호자도 없고 먹고 싶은데 서러웠다. 그때 동생이 내가 필요한 짐과 빵집에 있는 내가 좋아하는 빵을 털어다 줬다. 그때만큼은 얘가 진짜 멋있어 보였다. 빵 사줘서… 내가 회사 다닐 때 동생이 용돈 달라고 하면 잔소리 폭탄을 하고 보내주고 했었는데 괜히 민망하고 정말 고마웠다. 별것 아닐 수도 있지만 내 눈엔 얘가 언제 커서 내 생각도 해주고 도움도 주는지 고마울 따름이었다.

장녀로서 내가 집안에 도움이 돼야 하는데 짐이 된다는 생각으로 중간에 개발 아르바이트를 다닌 적도 있다. 하지만 주 5일을 꽉 채워 쓰지 못하고 금요일만 되면 응급실에 실려 가거나 입원하거나 회사에 피해를 끼치는 것 같아 그것마저 제대로 다니지 못하고 퇴사하게 되었다. 나는 어떻게든 가족에 도움이 되고 싶었지만, 차라리 가만히 있는 게 도와주는 느낌이었다. 그렇게 아픈 날이 길어지면서 나는 집안에 도움이 안 되고 피해만 끼치는 것 같은 느낌이 너무 많이 들었다. 그냥 내가 없는 게 집이 더 잘 돌아갈까? 라는 생각도 해본 적이 있다. 하지만 자식 잃은 부모가 과연 행복할까? 우리 가족들이 행복하게 지낼 수 있을까? 라는 생각을 하며 나쁜 생각은 하지 않기로 했다.

동생과 나는 아빠 환갑 이벤트를 위해 매달 공용 통장에 저금하고 있었는데 내가 수익이 없어지면서 동생만 채워 나갔고 결국 아빠 환갑 때 엄마와 동생의 힘으로 이벤트를 할 수 있게 되었다. 하지만 나는 아빠 환갑 잔칫날 병원에 입원하게 되었다. 평생 한 번뿐인 환갑날에 함께하지 못해 죄송하고 아쉬웠다. 외가 쪽과 식사 자리에서 케이크에서 토퍼를 뽑으면 현금이 나오는 이벤트를 했는데 동생이 영상과 함께 아빠가 감동해서 눈물을 흘렸다는 후기를 보내주었다. 저기에 내가 함께 해야 했는데 동생이 내 몫까지 잘해주고 와서 다행이었다.

그리고 내가 동생에게 고마운 점은 부모님께 말하지 않는 것들도 나에게는 다 이야기해 주는 것이다. 내가 누나로서 자격을 박탈당했다고 생각하며 살고 있는데 그래도 나를 누나라고 생각해 주고 있구나 싶었다. 첫 친가 전체 가족여행 날이 있었다. 나는 하필 또 이때 병원에 입원 중이었다. 나도 너무 가고 싶었는데 걷지 못해서 퇴원하지 못하고 있는 나 자신이 너무 싫었다. 그날 밤에 동생에게 전화가 왔다. 형부랑 같이 마지막까지 술을 마셨는데 혼자만 깨어있고 다들 잠들었다고 누나가 와야 했다며 아쉬움을 내비쳤다. 말로는 너도 그냥 빨리 자라고 잔소리를 하면서 퉁명스럽게 말했지만 고마웠다. 이렇게 한 번씩 내 존재를 생각해 주는 동생을 볼 때면 왜 이렇게 더 고맙게 느껴지는지 모르겠다. 둘이 사이는 정말 좋지만, 평소에 말을 많이 하는 편은 아니라서 그런가 싶기도 하다.

우리 둘 사이는 친척들도 알 정도로 어릴 때부터 서로에게 잘했다고 할 정도로 사이가 좋다. 하지만 나이를 먹을수록 집에 같이 있는 시간도 줄어들고 대화할 일이 많지 않아 소홀해졌나 싶었다. 하지만 본인 친한 친구와 놀 때 내 생각이 나면 전화해서 친구들도 소개해 주고 한 번씩 누나의 존재를 생각해 주는 것 같아 고맙다. 아프고 직업도 없는 누나를 한심하게 생각할 수도 있는데 그렇지 않고 신상 제품이 나오면 누나 거라고 구해다 주고 챙겨주는 마음에 동생 잘 키웠구나! 하며 뿌듯하고 그런 모습들이 너무 좋다.

재생 버튼 클릭

▌ 아빠 나 숨 쉬어, 걱정마

우리 아빠는 겉으로는 무뚝뚝하지만, 속으로 수많은 걱정을 가지고 살아가는 분이다. 일명 "츤츤" 표현에 서툴다는 말이 맞는 것 같다. 내가 아프기 시작하면서 엄마와 명의라는 선생님들은 다 찾아보고 예약하면서 하루를 마무리하는 일상을 살았다. 그럴 때마다 나는 자꾸 엄마에게 짜증을 냈고 울음이 났고 나도 내가 왜 이런 감정이 드는지 모르겠고 몸은 아프고 의지대로 되는 게 없었다. 이렇게 막 쏟아내다가 갑자기 정신 차리고 엄마에게 사과하고 도대체 왜 이러는지 감당이 되지 않았다. "섬유근육통"이라는 말도 처음 듣는데 치료 방법도 없다고 하고 어떤 선생님은 대놓고 "섬유근육통은 치료 안 합니다."라고 적혀있기도 하니 앞이 막막해서 그랬던 것 같다.
아빠는 우리한테 와서 말도 못 하고 거실에서 혼자 속으로 같이 힘들어하고 계셨을 거다. 나도 이런 걸 엄마한테만 말하고 의지하고 모든 걸 엄마한테만 얘기하니 엄마는 엄마대로 힘드셨을 거고 아빠는 답답하셨을 것이다. 내가 이때 차라리 가족 모두에게 지금의 내 상태를 알리고 함께 나눠야 했나 싶기도 하다.

하지만 솔직한 마음으로 엄마한테는 너무 죄송하지만, 엄마에게는 너무 기대고 싶었고 엄마만 보였다. 아빠와 동생에게까지 심각성을 대놓고 알리고 싶지도 않았고 모두가 힘든 게 싫었다. 사실 눈 가리고 아웅이었던 것 같다. 가족들이 다 모를 리 없고 엄마 앞에서 울고불고할 때마다 나랑 엄마는 주방에 아빠는 바로 보이는 거실에 계셨었다.

그냥 나만 힘들면 돼. 라는 생각이 컸지만, 결국엔 모두에게 영향을 끼치고 있었던 거다. 아빠는 주방 쪽으로 오시지 못하고 티브이를 보는 척 귀는 우리 쪽을 향해 있으셨던 것 같다. 그리고 내가 없을 때 엄마랑 아빠랑 대화도 나누고 했으니, 아빠도 어느 정도 알고는 계셨지만, 티 내지 않으신 것 같다. 하지만 아빠의 마음은 내가 생각했던 것보다 더 속이 타들어 가신 것 같다. 어느 날 엄마가 나에게 말씀해 주셨다. "아빠가 새벽에 너 숨 쉬는지 한 번씩 가서 확인하더라" 이 말을 듣는데 태연한 척했지만 속은 울고 있었다. 아빠가 대놓고 티는 못 내고 저렇게 속으로 힘들어하면서 몰래몰래 나를 돌봐주고 계셨구나. 내가 생각하는 것보다 내 걱정을 더 많이 하고 계시는구나 싶었다. 이때 더 강력하게 나는 절대로 나쁜 행동은 하지 않을 것이라고 또 한 번 다짐하는 계기가 되었다. 내가 아무리 힘들어도 그냥 몸이 아프고 말지 행동으로는 절대 표현하지 말자고 생각하였다. 나도 이런 아픔은 처음이라 많이 흔들렸고 불안했지만, 마음 꽉 잡고 살기로 하였다.

그리고 우리 가족은 나 때문에 결국 방 구조까지 싹 바꾸게 되었다. 내가 언제 아프고 그럴지 모르니 나와 엄마가 안방에서 자고 내 방은 옷방으로 만들고 동생은 동생 방에 아빠는 거실에서 주무시는 걸로 바꾸었다. 나 때문에 침대에서도 못 주무시고 거실에서 주무시는 아빠의 희생에 볼 때마다 항상 죄송한 마음이 든다. 나는 가족들의 희생을 당연하게 생각하지 않고 빨리 건강해져서 모든 걸 돌려놓고 모두 마음 편히 살아갔으면 좋겠다. 내가 가족들에게 큰 짐을 나누고 있어서 마음이 항상 불편한데 적어도 나에 대한 걱정만큼은 덜 할 수 있도록 계속 노력해 나갈 것이다.

▌ 주변에 고마움 전하기

하루는 내가 처음으로 심각하게 공황장애가 온 날이 있다. 전날에 목에 신경 주사를 맞아서 나만의 요양의 날로 지정하고 집에서 쉬고 있던 날이었다. 그래서 종일 누워서 드라마도 보며 편히 쉬고 있었다. 그런데 오후 5시 조금 넘은 시간, 갑자기 이상한 기분이 훅 들었다. 극도의 불안감이 엄습하고 나 지금 쓰러져서 죽는 건가, 라는 생각으로 머릿속이 가득 차올랐다. 그때 하필 나는 집에 혼자 있었고 그 와중에 생각나는 친구 중 한 명에게 덜덜 떨며 전화를 걸었다. 다행히 친구는 금방 전화를 받았고 나는 친구의 목소리를 듣는 순간 더욱더 큰 두려움, 무서움, 불안함이 엄습하여 정말 정신 나간 사람처럼 울면서 소리쳤다. 나 너무 무섭다고 숨이 쉬어지지 않는다고 이래서 미안한데 나 지금 죽을 것 같아서 너무 무섭다고 숨 넘어가듯이 전화에 대고 외쳤다. 숨이 턱턱 막히면서 손가락부터 팔까지 마비되는 느낌까지 왔을 때는 친구에게 무섭다는 말만 반복하며 얘기한 것 같다. 놀란 친구는 당장 집으로 오겠다며 전화 끊지 말고 심호흡하면서 진정해 보라며 안정이 되도록 도와주었다. 그렇게 죽을 것 같은 몇 시간 같은 몇 분의 시간이 지났고 숨쉬기가 편해진 것을 느끼면서 천천히 안정을 찾아갔다. 안정이 되어가는 듯하여 친구에게 집에 안 와도 된다고 나 이제 괜찮아졌다며 정말 오지 말라고 하고 전화를 끊었다. 사실 나는 진짜로 괜찮아진 줄 알았다. 그런데 전화를 끊자마자 또다시 터져버린 울음과 초조함에 다시 친구에게 전화를 걸어 나와 함께 있어달라고 했다. 그 와중에 나는 또 샤워해야겠다고… 씻으면서 정신 차려보겠다며 씻고 집에 있는 게 더 안 좋을 것 같아 택시를 타고 친구를 보러 나갔다. 그 당시 남자 친구 집과 친구 집은 걸어서 올 정도의 가까운 거리였고 오빠 허락하에 아직 퇴근하지 않은 오빠 집에서 친구와 만나 함께 있기로 하였다. 친구는 날 보자마자 얼굴이 너무 창백하다고 다크서클이 한참 내려왔다며 놀랐다. 친구와 함께 있으니, 마음은 편안한데 아직도 사라지지 않는 초조함이 남아있어 가만히 있을 수가 없었다. 괜히 돌돌이로 집 청소를 하며 돌아다녔다. 친구가 나를 보더니 제발 가만히 누워있으라고 아무것도 하지 말라며 말렸다. 그렇게 둘이 누워서 대화를 나누며 안정을 찾고 정신이 돌아왔다. 친구 덕에 온전한 정신으로 돌아 올 수 있었다. 친구가 없었다면 5시에 나는 끝이었을 것 같다는 생각이 들 정도로 무서운 시간이었고 그만큼 친구에게 말로 표현할 수 없을 만큼 고맙다. 내 생명의 위협이 느껴질 때 생각나는, 연락할 수 있는 친구들이 있다는 것에 너무나 감사한 마음이 들었다.

이제는 내가 정말 아프고 움직이기 힘들 때는 119 구급대원분들 힘을 빌려 병원으로 옮겨가지만, 그전에는 외상이 없으니 119에 전화하는 것조차 민폐인 것 같고 안 올 것 같은 기분에 애초에 119 전화는 생각도 하지 못하였다. 집 4층 계단을 정말 죽을 듯이 힘들게 걸어 내려가서 택시를 타고 응급실에서 몇 시간씩 앉아서 대기를 하고 진료를 보고는 하였다. 하지만 집이 엘리베이터 없는 4층이라는 점은 나에게 너무나 가혹한 위치이다. 돌발통 없이 멀쩡할 때야 그냥 아 힘들다. 하고 오르내리지만 아플 때는 4층이 40층 같고 너무 힘들다.

그렇게 하루는 혼자 집에 누워있기에도 너무 아프고 집 계단 내려갈 힘은 없고 이도 저도 못할 때였는데 그때 마침 쉬고 있던 친구가 병원에 데려가 주겠다며 데리러 온 적이 있다. 사실 친구들한테 딱 이렇게 세게 아픈 모습을 보이는 게 아직도 마음이 편치 않고 꽤 괜찮은 모습일 때만 보여주고 싶다. 그날은 어쩔 수 없이 친구가 와줬는데 고맙게도 남편 차를 타고 남편과 함께 와주었다. 주변에 갈만한 병원을 찾아서 같이 가주고 수액 맞는 거 다 기다려주고 집에 데려다주고 친구랑 남편분께 정말 고마웠다. 수액을 맞고 나니 그래도 한결 편안해졌는데 집에 그대로 있었으면 가족들 올 때까지 심하게 앓아누웠을 것이다. 남편과 함께 쉬는 날에 하루 다 버려가면서 도움을 줘서 고마운 마음이 많이 든다.

PT 선생님과 처음 운동을 시작하게 된 건 2021년이다. 통증을 줄이기 위해 운동을 하라는 말을 많이 들어서 이곳저곳 운동할 곳을 알아보고 있었다. 그때 아는 언니와 이모께서 지금의 PT 선생님께 수업을 받고 있었는데 너무 잘 가르치시고 좋다며 추천해 주셨다. 집에서 버스를 2번 타고 1시간가량을 가야 하는 위치에 있어서 고민했지만 일단 상담이라도 가보자 하고 가보았다. 상담을 약 1시간 가량했는데 통증에 대한 이해도도 높으시고 운동에 대한 자부심도 대단하셨다. 나는 홀린 듯 그 자리에서 수업 등록을 하게 되었다.

유튜브에서 섬유근육통 환우는 헬스 2주만 버티면 성공이라는 말을 본 적이 있다. 그래서 나는 내가 꼭 저 고비를 넘겨서 통증 조절에 성공하겠다는 마음을 먹었다. 우선은 내가 기구를 사용해서 힘을 쓰고 할 수 있는 몸 상태가 아니기 때문에 처음에는 계단 운동부터 시작하였다. 초반에는 사실 운동하는 시간보다 멘탈 케어 시간이 더 길었다. 선생님께서는 동기부여 되는 말씀을 많이 해주셨고 내가 아픈 것 때문에 흔들릴 때 강한 T의 성향으로 여러 이야기를 해주셨다. 그래서 나는 이 시간을 멘탈 케어 시간이라고 표현한다. 그렇게 몸 건강뿐만 아니라 정신적인 것도 많이 잡아 주시려고 노력하셨다. 초반에는 운동다운 운동도 안 한 것 같은데 땀이 나고 힘들어하는 내 모습을 보고 현타가 많이 왔다. 고작 이거하고 이렇게 힘들어한다고? 이게 맞는 건가 싶었다. 일주일에 1~2회 수업도 겨우 가고 개인 운동은 꿈도 꾸지 못하였다. 하루 수업하고 오면 다음 날은 앓아누워 아무것도 하지 못하는 일상이 반복되었다. 그렇지만 둘 다 포기하지 않고 계속할 수 있을 때마다 수업을 한 결과 개인 운동도 갈 수 있을 정도의 체력이 생겼다. 처음 개인 운동을 하러 갔을 때 너무 뿌듯하였다. 드디어 내가 발전하고 있구나 라는 생각을 하였다. 그리고 선생님과 계속 수업하다 보니 선생님은 내가 운동하러 오는 걸음걸이와 표정만으로도 나의 오늘 컨디션을 알 수 있었고 그것에 맞게 수업을 진행해 주셨다. 그렇게 점점 선생님과 합이 맞아가면서 20kg 다이어트도 성공할 수 있었다. 벌써 선생님과 지금 3년 이상 함께 하고 있는데 가끔 너무 세게 멘탈 케어를 해주셔서 눈물도 몇 번 흘렸지만, 많은 동기부여와 내가 중간에 포기하지 않고 계속해서 운동할 수 있도록 만들어 주셔서 정말 감사하게 생각한다. 앞으로도 계속해서 선생님과 함께 이 험난한 여정을 잘 헤쳐나갈 것이다.

뭔가 하나의 에피소드가 있지는 않아도 존재 자체만으로도 나에게 힘이 되는 내 사람들 모두에게 항상 고맙고 미안한 마음이 든다.

함께 매직키드 마수리를 보며 비빔밥을 먹었던 추억을 여전히 간직하고 있는 20년 이상 된 초등학교 친구와 중학교 때 만나 현재 힘든 상황을 누구보다 제일 잘 알아주고 있는 친구, 고등학생 때 만나서 지금까지 함께하며 언제 만나도 너무 즐거워 입맛이 없을 때도 이 친구들만 만나면 허언증처럼 밥도 잘 먹고 신나게 놀 수 있는 힘이 생긴다. 호캉스를 자주 하며 밤새 보드게임을 즐기는 우리는 건전하면서도 해맑은 어린 시절로 돌아간 느낌을 받고는 한다. 또한 성인이 되어서는 친구를 사귈 기회가 적은데 교육원에서 함께 고생하며 지금까지도 배울 것 많은 멋진 친구들, 함께 같은 목표로 스터디에서 만난 참된 언니들과 함께 일하던 회사 선배, 동료 관계에서 찐친이 된 사이까지 힘든 상황 속에서 이렇게 좋은 사람들을 만나 계속해서 인연을 함께하며 이젠 없어서는 안 될 사이가 되었다는 게 신기하고 감사하다.

재생 버튼 클릭

◼ 통증이 준 선물

나는 작디작은 유튜브 채널이 있다. 보통 빅사이즈 ootd를 올리지만 섬유근육통 환우와 마음의 병이 있는 삶으로 살아가면서 하고 싶은 말들을 올린 영상이 몇 개 있다. 사실 정말 작고 작은 채널이라 조회수도 낮고 그냥 당시에 나도 힘들었고 이야기를 하고 싶어서 영상을 찍어 올렸다. 내가 나쁜 생각 안 하고 살기 위해서 계속 자격증 시험에 도전하고 끝나면 또 바로 다른 시험을 준비하고 몇 달 치 전화영어를 등록하고 이때까지 나는 할 일이 있으니 살아야 해. 라며 별것 아닌 일에도 내가 살아갈 목표라고 생각하고 계속해서 목표를 세우며 살아간다는 영상이었다.

그리고 병원에서 입원 생활 관련 영상을 찍어서 올린 것도 있었는데 같은 병원에 다음날 진료 예정이라며 반갑다는 댓글이 달렸다. 그 댓글을 보고 오! 알고리즘 진짜 신기하다. 라고 생각했다. 그리고 다음날 모르는 사람에게 인스타그램 DM이 하나 왔다. 유튜브에서 같은 병원 진료 본다는 분이 보낸 DM이었다. 부담스럽지 않으면 진료 후에 만나서 얘기할 수 있냐고 묻는 내용이었다. 보통 같으면 모르는 사람이기도 하고 무서워서 안 만났을 텐데 일단 같은 여자분이시고 인스타그램을 보니 나쁜 사람 같아 보이지도 않고 병원에서 보니까 안전하겠지

라는 생각에 만나기로 하였다. 각자 병원 일정이 끝난 후 입원실 가운데에, 휴게실에서 만났다. 처음엔 어색한 듯하였으나 금방 언니 동생이 되고 서로 아픈 것들에 관해 이야기하기 시작하였다. 언니는 몇 달 전부터 이유 모를 통증에 시달리며 너무 힘이 들어서 유튜브에 안 좋은 내용들을 검색하다가 내 유튜브를 보게 되었다고 하였다. 언니도 보통은 조회수 낮은 영상은 안 보고 넘기는데 환자복을 확대해 보니 가려던 병원 이름이 쓰여 있었고 반가움에 영상을 보게 되었다고 하였다.

그렇게 내 영상들을 보았고 나쁜 생각 그만하고 나도 살아야겠다는 생각이 들었다고 한다. 나는 이 이야기를 듣는데 너무 놀랐다. 내가 정말 바라던 나로 인해 누군가 한 명이라도 위로를 받고 살아갔으면 좋겠다고 생각해 왔는데 그 꿈을 이룰 수 있게 해준 언니를 만나게 된 것이다. 정말 아무것도 아닌 내가 한 명의 소중한 목숨을 살리는 데 조금이라도 도움이 됐다는 것에 너무 행복했고 생각을 바꾸고 이렇게 나를 만나러 와줘서 너무나 감사하였다. 언니는 나와 다른 통증이지만 치료할 방법이 없어서 엄청난 좌절감을 느끼고 있었다. 나는 내가 초반에 느꼈던 감정을 언니가 느끼고 있는 것 같아서 공감도 되면서 너무나 걱정이 되었다. 초반에 마음 다잡기가 얼마나 힘든지 알기에 나도 그 시간을 거쳐 왔기에 더욱더 마음이 쓰였다. 우리는 각자의 아픔을 나누고 함께 위로해 주며 깊은 대화를 꽤 오랜 시간 나누었다. 나는 진심으로 언니가 마음을 다잡고 살아가길 바랬고 약물로라도 통증이 꼭 줄어들었으면 하였다. 언니도 나를 많이 응원해 줘서 정말 고마웠고 그렇게 우리는 서로 응원하고 걱정해 주며 함께 힘든 시간을 견뎌내고 있다. 그날 이후로 우리는 연락도 자주 하고 친한 언니 동생 사이가 되었다. 다르지만 둘 다 통증을 가지고 살아가고 있고 같은 원장님께 진료를 받고 있으니 거기에서 오는 공통점으로 더욱더 금방 친해질 수 있었다. 내가 입원해 있을 때 시간 되면 언니가 맛있는 것들 사서 면회를 와줘서 또 신나게 떠들다 가고 집에서 싼 너무 맛있는 김밥도 가져다주고 가고 많은 힘이 돼주었다. 서로 위로가 될 만한 유튜브나 좋은 정보들이 있으면 같이 공유하기도 하며 지내고 있다. 다행히 언니가 이제는 나쁜 생각 하지 않고 어느 정도 받아드리고 살아가는 것처럼 보여서 정말 고맙다. 내가 조금 더 빨리 통증이 시작된 사람으로서 나도 솔직히 힘들고 포기하고 싶을 때도 많지만 난 꼭 이겨내서 희망이 돼주고 싶은 마음이 크기 때문에 더욱더 의지를 가지고 살아가게 되는 것 같다.

언니를 만나기 이전에는 인스타그램에 섬유근육통 관련 글을 올렸었고 그것을 보고 같은 섬유근육통 환우분에게 DM이 와서 연락을 주고받았던 경우도 있었다. 이 언니도 그 당시 섬유근육통 초반이었고 교통사고로 인해 생긴 일이여서 힘든 시간을 보내는 중이던 중 내 인스타그램을 보게 된 거였다. 꽤 오랜 시간 DM을 주고받고 전화 통화만 하는 사이였다가 밖에서 만나게 되었다. 연락을 자주 해와서 만났을 때 서로 신기하기는 했지만 어색함은 그리 길지 않았다. 같은 섬유근육통 환우라서 공감 되는 것도 많았고 통증 욕도 하면서 서로 응원해 주는 사이로 지내며 가까운 사이로 잘 지내고 있다.

내가 아픔으로서 잃은 것만 수도 없이 많다고 생각했는데 생각지도 못한 부분에서 내가 다른 사람에게 힘을 줄 수 있게 되었고 좋은 사람들이 생겼다는 것에 마냥 나에게 한없이 불행만 주지는 않는구나 싶다. 통증으로 내가 할 수 있는 일도 거의 없어지고 하고 싶은 것도 못 하는 삶에 너무나 화도 나고 내가 불쌍하기도 하고 가끔은 욕도 나오는 그런 퍽퍽한 삶을 살고 있다고 생각하였다. 하지만 시간이 흐르고 흐르면서 이렇게 생각지도 못한 곳에서 좋은 사람들을 알게 되고 SNS상에서 일면식도 없는 사람이 그냥 지나칠 수 있는 사람의 글에 진심으로 응원해 주고 쾌유를 바라주는 댓글들을 보면 뭉클하고 또 살아갈 힘을 얻곤 한다.

그리고 내가 이렇게 글을 쓸 수 있게 될 줄 그 아무도 몰랐다. 인생이 생각처럼 흘러가지는 않지만 그래도 마냥 날 죽음으로 몰아가기만 하는 것은 아니구나. 통증으로 또 다른 새로운 세상이 펼쳐졌다고 해도 과언이 아니다. 과거에 건강했을 때는 절대 몰랐을 모든 소중함을 알게 되었고 더 넓은 시야를 가지게 된 것 같기도 하다. 비록 몸은 너무나 힘든 삶을 살아가고 있지만 나는 계속 발전해 나가는 삶을 살기 위해 노력할 것이고 또 다른 사람들에게도 희망과 위로를 줄 수 있는 사람이 되었으면 좋겠다.

무기력증

나는 오른쪽 다리 떨림 현상을 몇 달째 못 고치고 있다. 최근에 대학병원 입원을 하게 되면서 아 이번에는 무조건 낫겠지, 하는 희망이 매우 컸다. 통증 클리닉으로 입원해서 정신과와 재활의학과 협진을 보면서 신체화 장애 관련 약만 쓰면 낫는 줄 알았다. 심리검사지도 4시간에 걸쳐서 열심히 작성하고 3시간 정도 심리 상담까지 진행하며 나는 할 수 있는 것에 최선을 다했다. 그런데 막상 정신과 진료를 보니 신체화 약이라는 게 딱 있는 게 아니었다. 치료를 길게 봐야 하고 모르는 숲길을 걷는다는 생각으로 치료해야 한다고 하셨다. 나는 여기서 너무 큰 절망감을 맛보았다. 사실 나에게 대학병원은 날 고칠 수 있는 마지막 희망의 곳 정도의 느낌이다. 대학병원 그 이상 높은 병원도 없고 아무나 대학병원에서 치료를 받을 수 있는 것도 아니니 너무나 믿었다. 생각했던 신체화 약이라는 게 따로 없다는 것과, 신체화라고 확신도 할 수 없다는 말들 그렇게 또 시간만 흐르고 몇 달째 고쳐지지 않는 다리를 보면 한숨만 날 뿐이다.

3주 동안 입원 치료를 하고 퇴원했는데 정신적으로 꽤 많은 타격을 받은 것 같다. 열흘 가까이 무기력증이 너무 심했다. 낮에 뭐 하는 것도 없이 누워만 있고 밤에는 취침 약을 먹고도 몇 시간 동안 잠에 못 들고 있다. 수면 패턴이며 일상생활이 다 망가져 버렸다. 매일 조금씩이라도 글 쓰는 습관을 들였는데 근 열흘 간은 글도 전혀 쓰지 않았다. 마음으로는 글도 쓰고 이것도 하고 저것도 하고 해야 할 것들이 떠오르는데 막상 몸은 움직여지지 않으니 나 자신이 너무 한심해 보이고 짜증도 났다. 무기력증이 이번이 처음은 아니지만 그동안은 그래도 짧게 잘 지나갔었다.

나를 계속 치료해 주시는 선생님들은 하나같이 박수아님 의지 강한 것 잘 안다고 하실 정도로 나는 의지로 다 눌러버렸었다. 뒤처지는 것 싫어하고 생산적인 활동을 하는 걸 좋아하는 사람이라 무기력증을 잘 깨고 일어났는데 이번에는 꽤 길게 갔다. 내가 심각하다고 느낀 부분은 보통 이 정도로 잠에 못 들거나 힘들 때면 다니던 정신과에 가서 상담하고 약 조절을 하고 온다. 근데 이번에는 일어나서 씻고 정신과 가서 대기하고 진료 보고 이런 것조차 귀찮아했다는 사실이다. 이건 나 스스로 생각했을 때 아주 심각하다고 생각한다. 일상이 이렇게 누워있는 것밖에 남지 않았는데도 불구하고 치료를 받으러 가지 않는다니 단단히 잘못되었다.

나는 어떻게든 내 의지로 이겨내기 위해 애썼다. 나는 성취감을 느낄 수 있는 무언가를 해내는 것이 무기력증 이기는 방법 중 가장 잘 맞는 것 같다. 시험의 합격 여부보다 내가 일어나 무언가를 한다는 것에 의미를 둔다. 그렇게 나는 생활체육지도사 2급 4월 시험 준비와 정보처리기사 5월 시험 준비, 다시 1대1 레슨을 하기 위해 컴퓨터활용능력 2급 기출문제 파헤치기를 시작할 것이다. 이렇게 정신없이 무언가를 하다 보면 오히려 정신이 차려진다. 다들 불안함과 우울감 속에서 각자 이겨낼 수 있는 무기가 하나씩은 있었으면 좋겠다. 나쁜 생각이 들 때면 꺼내 들 수 있는 무기를 말이다. 나는 10개월 만에 PT 수업도 다녀왔다. 선생님은 내 얼굴이 너무 안 좋아 보인다고 하셨다. 어떻게 살고 계시는 거냐며… 운동을 하며 선생님과 대화도 나누면서 마음가짐을 달리하기로 마음먹었다. 역시 PT 선생님 마인드는 배워야 할 부분이 참 많아서 감사하다.

그렇게 어제 운동을 다녀오고 오늘 아침에는 오랜만에 티스토리에 글도 쓰고 지금 이렇게 글도 쓰고 있다. 조금은 무기력증에서 깨어난 것 같아서 기쁘다. 여전히 완벽히 회복되지는 않았지만 내 의지의 영역을 벗어나는 부분이 분명히 있는 것 같다.

다리로 인해 스트레스를 정말 많이 받았고 걷기 연습하면서 내 모습에 충격받고 불쌍하다고 느끼고 많은 감정이 몰려온다. 온통 다리 나아야 한다는 생각을 강박적으로 하다 보니 잠시 쉬어가라고 시간을 준 걸 거라며 이미 놓쳐버린 열흘의 시간은 잊어버리기로 하였다. 지금부터라도 다시 씩씩하게 살아가면 되니까 괜찮다.

모르는 숲길을 걷는다는 표현이 너무 긴 여정이 될까 봐 걱정이 많이 된다. 이제 다리는 내 의지 밖의 영역만이 남아있다. 이건 시간에 맡겨야 하므로 너무 조급하게 생각하지 말고, 잘 이겨내 봐야겠다. 아직 완벽하게 무기력증을 이겨낸 것은 아니지만, 많이 깨고 나왔으니 하루하루 더 많이 깨고 나와서 일상 회복에 힘쓸 것이다. 할 수 있어! 하면 돼. 라는 말을 계속 되새기며 살아봐야겠다.

끝내는 말

당신의 고된 하루를 위로하며,
함께 나아가기를

■ To. 세상을 살아가는 친구에게

이 편지를 건네기까지 꽤 오랜 시간이 흘렀어.
지금도 어떤 고통을 안고 살아갈지 걱정하며 펜을 들었어.
사실 나도 치료가 완전히 끝나지 않았고,
이겨내는 과정이라 완전한 희망을 보여주지는 못해.
하지만 그런데도 희망을 찾아 앞으로 나아가기 위해
무척 애쓰고 있어.

나는 매번 넘어져도 다시 일어설 힘을 기르고 있어.
아프다는 이유로 아무것도 못 하고
살아가는 내 모습이 안타깝게 느껴졌거든.
그러면서 새로운 도전을 시작했고,
그렇게 이 글도 세상에 내놓을 수 있게 되었지.
처음에는 나도 이 상황을 받아들이기가
너무 힘들고 무서웠어.
언제 끝날지 모르는 길을 걸어야 하니까…

그래도 나는 계속해서 무언가에 도전하고 부딪히며
지금 상황에서 할 수 있는 최선을 다하려고 노력 중이야.
아프기 전에는 내가 이렇게 글로 다른 사람들에게
힘과 용기를 줄 수 있는 사람이 될 줄 전혀 몰랐어.
컴퓨터만 하던 사람이었으니까.

내가 아픔을 견디면서 다양한 감정을 느끼며,
나 같은 사람도 이렇게 발버둥 치고 있는데
다른 사람들도 할 수 있다는 것을 알려주고 싶어졌어.
우리 모두 각자의 힘듦과 아픔이 있지만,
다 지나갈 거고 우린 잘 헤쳐 나가서
결국에는 이겨낼 거야.

때때로 막막함 속에서 살아가는 삶이 너무나 어렵지만
어려움 속에서도 힘내서 더 나아갔으면 좋겠어.
넘어지면 어때?
잠시 멈췄다고 생각하고 일어나서 다시 시작하면 돼.
분명 이 어둠의 터널에는 끝이 있을 거야.

하루하루가 불안의 연속이어도 그 안에서 작은 행복을
찾아 꽉 찬 행복한 날로 만들었으면 좋겠어.
무탈한 하루하루가 되기를 바랄게.
오늘도 고생했고, 잘 버텨줘서 고마워!

From. 모두의 친구 수아가

끝내는 말

일시 정지 후 재생

초판 1쇄 발행
2025년 05월 10일

·

출판등록
2025년 2월

·

지은이
박수아

·

글편집
임솔빈

·

디자인
김예진

·

펴낸곳
뚜또MK

·

전자우편
dasom017@gmail.com

·

인스타그램
@ssua_mk

·

ISBN
979-11-992364-0-0

이 책은 저작권법에 의하여 보호를 받는
저작물이므로 무단 복제를 금합니다.